La Torche Foudroyante

Manuel D'Ecole du dimanche et d'Etude

Torche Brûlante Numéro 16

Révérend Renaut Pierre-Louis

Pour toutes informations et pour vos commandes, adressez-vous à

Peniel Haitian Baptist Church
P.O. Box 100323
Fort Lauderdale, FL 33310
Phone : 954- 525-2413
Cell : 954- 242-8271
Website : www.theburningtorch.net
Website : www.peniel baptist.org
e-mail : renaut@theburningtorch.net
e-mail : renaut_cyrille@hotmail.com

Copyright © 2019 by Renaut Pierre-Louis

Tous droits réservés @ Rev.Renaut Pierre-Louis

Attention : Il est illégal de reproduire ce livre, en tout ou en partie, sous quelque forme ou par quelque procédé que ce soit, électronique, mécanique, photographique, sonore, magnétique ou autre, sans avoir obtenu au préalable, l'autorisation écrite de l'auteur.

Les ouvrages dans les trois langues, anglaise, française et créole sont aussi disponibles chez :

Renaut Pierre-Louis
720 SW 4th Ave Fort Lauderdale, FL 33315

Michel Joseph
191-21 118 Rd. St. Albans, N.Y. 11412
Phones : 917-853-6481 718-949-0015

Rev. Julio Brutus
P.O. Box 7612 Winter Haven, FL 33883
Phones: 863-299- 3314 863- 651-2724

Rev. Edouard Georcinvil
725 NE 179th Terr N. Miami Beach FL 33162
Phones: 305-493-2125 305-763-1087

Rev. Evans Jules
Eglise Baptiste Bethel
5780 W. Atlantic Ave Delray Beach, FL 34444
Phones: 561-452-8273 561-498-2855

Iliana Dieujuste
2432 Indian Bluff Dr.
Dacula , GA 30019
Phones : 954- 773- 6572 954-297-4656

Torche Foudroyante 16-Série 1

Le symbolisme de la croix

Avant-propos

La croix comme symbole de la réunification de la Maison d'Israël, était déjà annoncée dans le signe prophétique des deux morceaux de bois dont parle le prophète Ezéchiel. Ez.37 : 15-22
L'Eternel étend cette prophétie en incluant les païens dans l'alliance de la grâce quand il disait : Toutes les nations (juive et païennes) seront bénies en Abraham et en sa descendance.
Ge. 12 :3
Avant sa montée au Calvaire, le Seigneur Jésus le surenchérit dans cette déclaration: « Et moi, quand j'aurai été élevé de la terre, j'attirerai tous les hommes à moi. Jn.12 :28
Il fit allusion à sa mort sur une croix au travers de laquelle il étendra la perche de la réconciliation à tous, juifs et païens.
Puisque Dieu nous comprend dans son plan de salut, que nul ne s'avise de refuser son invitation sous prétexte que Dieu ne l'a pas attiré. Venez mon cher, venez et recevez gratuitement le ticket pour la vie éternelle que Christ seul délivre.

Pasteur Renaut Pierre-Louis

Leçon 1
La croix, signe d'identification du chrétien

Textes pour la préparation : Ge. 50:15-21; Ps.1 :1 ; Mt.11:28-29; 24:13; Lu. 9:23; Jn.15:15; Ro.12:3; 1Co.6:19; 15:33; Ga. 2:20; Ph.3:13;
Texte à lire en classe : Lu.9:23-26
Verset de mémoire : Puis il dit à tous: Si quelqu'un veut venir après moi, qu'il renonce à lui-même, qu'il se charge chaque jour de sa croix, et qu'il me suive. Lu.9:23
Méthodes : Discours, comparaisons, questions
But: Présenter la croix comme l'uniforme du chrétien.

Introduction
D'ordinaire, les grandes organisations exigent de leurs membres le port d'un uniforme ou d'une certaine forme d'identification pour des raisons d'ordre social ou disciplinaire. Dans sa compagnie, Jésus-Christ exige à ses disciples de porter leur croix.

I. Quelle en est la raison ?
1. Il l'exige de tous ses disciples. Lu. 9 :23
   Il n'y a pas de chrétien sans croix. Elle est invisible mais remarquable.
2. Vous ne la choisissez pas. Il vous l'ajuste à votre mesure. « Prenez mon joug sur vous » dit-il : Mt.11 :29
3. Cette croix change votre posture et influence votre façon de penser et d'agir. Ga.2 :20

II. **Quelle sont les conditions pour bien la porter ?**
1. Il vous faudra lui obéir aveuglément. Lu. 9 :23
2. Il vous faudra renoncer à vous-même :
   a. à vos préférences. Ga.2 :20
   b. à votre horaire. 1Co.6 : 19
   c. à certaines de vos relations.
      1Co.15 :33 ; Ps.1 :1
   d. à certaines de vos prétentions. Ro.12 :3
3. Il vous faudra le suivre sans variation.
   Ps.31:16; Ga. 2:20 ; Ph.3 :13

III. **Quel en est le résultat ?**
1. Il changera pour vous le mal en bien.
   Ge.50 :20
2. Il fera de vous son associé. Jn.15 :15
3. Il honorera votre persévérance. Mt.24 :13

Conclusion
Vous aurez certainement des tribulations. Néanmoins, gardez la foi et gardez votre croix. Jésus est avec vous. Suivez-le jusqu'au bout. Mt. 11 :29

Questions

1. Qu'est-ce que Jésus exige de son disciple ?
   a. Qu'il porte la croix
   b. Qu'il renonce à lui-même
   c. Qu'il le suive.

2. Comment choisir sa croix ? C'est Jésus qui vous la donne et il l'adapte à votre mesure.

3. Comment reconnaitre le disciple avec sa croix ? Son attitude et sa posture changent automatiquement.

4. Comment Jésus va-t-il intervenir dans la vie du disciple ?
   a. Il sera avec lui tous les jours.
   b. Il changera pour lui le mal en bien.
   c. Il honorera sa persévérance.

Leçon 2
La croix, signe d'identification du chrétien (suite)

Textes pour la préparation : Ps. 42 : 8 ; Mt.11 :28-29 ; Ac.11 :26 ; 1Co.9 :24-27 ; 2Co.6 :7-10 ; 12 :10 ; Ga.6 :17

Texte à lire en classe : 2Co.6 :4-10

Verset de mémoire : Mais je traite durement mon corps et je le tiens assujetti, de peur d'être moi-même rejeté, après avoir prêché aux autres. 1Co.9 :27

Méthodes : Discours, comparaisons, questions

But : Encourager les chrétiens à garder la foi surtout dans les moments difficiles.

Introduction
On dit toujours que le vrai chrétien est un soldat de Jésus-Christ. Il est enrôlé dans son armée pour le suivre chaque jour.

I. **Comment peut-on le reconnaitre ?**
  1. Il porte sur lui les marques de Jésus. Ga.6 :17
  2. Il les porte dans son attitude et dans ses réactions face à l'adversité. 2Co.6 : 7-10
     a) Au début, il est un recru, inexpérimenté. Il reçoit graduellement des instructions préparatoires pour une mission spéciale. Mt.11 :28-29
     b) Avec le temps, il devient un athlète dans le camp du Seigneur. 1Co.9 :24,27

3. Les non-chrétiens peuvent l'attester. Ac. 11 :26

II. Quand cela arrivera-t-i?
Quand il aura réagi en glorifiant Dieu dans les souffrances, dans les calamités, et les détresses pour Christ. 2Co.12 : 10

III. Comment ?
1. Quand il prend les persécutions et les souffrances pour un sport. A force de les subir, il gagne beaucoup d'endurance. 1Co.9 :27
2. L'auteur du psaume 42 vous dira : « Toutes tes vagues et tous tes flots passent sur moi. » Ps.42 :8
Ainsi les persécutions sont des massages que Dieu administre à la vie spirituelle du chrétien. Il ne va pas en faiblir pour autant.

Conclusion
Soyez de bons soldats de Jésus-Christ et attendez à recevoir vos médailles « honneur et mérite » dans son royaume à venir.

Questions

1. A qui compare-t-on souvent le chrétien ?
   A un soldat

2. Comment identifier un Chrétien ?
   a. Par les marques de Jésus dans sa vie
   b. Par son attitude et ses réactions dans l'adversité.

3. Quand cela arrivera-t-il ?
   Quand il glorifiera Dieu au milieu de ses souffrances à cause de Christ.

4. Comment cela va-t-il se manifester ?
   Quand il aura pris les souffrances pour un sport.

5. A quoi l'auteur du Psaume 42 compare-t-il les souffrances répétées ? A des vagues mouvantes

Leçon 3
La croix, un pont entre le ciel et la terre.

Textes pour la préparation : Lu.9 :23 ; Jn.14 :6 ; Ac.16 :31 ; Ro.3 :23 ; 2Co.5 :19 ; 1Ti.2 :4-6
Texte à lire en classe : Jn.14 :1-6
Verset de mémoire : Car il y a un seul Dieu, et aussi un seul médiateur entre Dieu et les hommes, Jésus Christ homme, qui s'est donné lui-même en rançon pour tous 1Ti.2 :5-6a
Méthodes : Discours, comparaisons, questions
But : Reconnaitre Jésus comme le seul médiateur entre l'homme et Dieu son Père.

Introduction
Pour bonnes que soient nos routes, elles ne seraient jamais achevées si des obstacles majeurs n'étaient pas surmontés. D'où la nécessité de jeter des ponts.

I. Au sens propre, où bâtit-on ces ponts ?
Généralement au-dessus des cours d'eau, des bras de mer, des routes carrossables et des voies ferrées. Ils servent parfois de délimitation entre deux territoires.

II. Au sens figuré, peut-on parler de pont ?
1. Bien sûr. Le pape se déclare souverain pontife ; c'est-à-dire qu'il est le Vice-Dieu, le pont, le médiateur entre Dieu et les hommes.
2. Qu'en dit la Bible ?

a. Jésus dit de lui-même qu'il est **le** chemin et non **un** des chemins. Nul ne vient au Père par le pape mais par lui. Jn.14 :6
b. Paul renchérit en disant : « Il n'y a qu'un seul Dieu et aussi un seul médiateur entre Dieu et les hommes, savoir Jésus-Christ ». 1Tim.2 :4-5
c. La croix du calvaire est le pont de réconciliation entre le Dieu saint et l'homme pécheur. 2Co.5 : 19

III. Quelles sont les conditions pour traverser ce pont ?

1. Il faut accepter qu'on soit un pécheur perdu. Ro.3 :23
2. Il faut croire en Jésus comme le seul Seigneur et Sauveur. Ac.16 :31
3. Il faut accepter de porter la croix de manière à lui ressembler. Lu.9 :23
   Ce n'est donc pas une question d'Eglise, de religion, de race, de nationalité ou d'option politique. C'est la logique du calvaire. Lu.9 :23

Conclusion

Acceptez-vous de passer par ce pont ? Il y va de votre destinée éternelle. Dépêchez-vous !

Questions

1. A quoi sert un pont ?
   A assurer la liaison entre deux lieux.

2. Dans un sens spirituel qui est notre pont pour aller à Dieu ? Jésus seul

3. Où a-t-il construit ce pont ?
   A la croix du calvaire

4. Quelles sont les conditions pour traverser ce pont ?
   a. Il faut accepter qu'on soit un pécheur perdu.
   b. Il faut accepter Jésus comme Seigneur et sauveur
   c. Il faut accepter de porter sa croix chaque jour.

5. Peut-on l'éviter ? Non. C'est la logique du Calvaire

Leçon 4
La croix, une épée de victoire

Textes pour la préparation : 1S. 16 :7 ; Ps.139 :5 ; Mt. 6 :1-18 ; 27 :3 ; Lu.9 :23 ; Jn.13 :27-32 ; 1Co.1 :23 ; 15 :57
Texte à lire en classe : 1Co.1 :18-23
Verset de mémoire : Car la prédication de la croix est une folie pour ceux qui périssent ; mais pour nous qui sommes sauvés, elle est une puissance de Dieu. 1Co.1 :18
Méthodes : Discours, comparaisons, questions
But : Présenter la valeur transcendante de la croix.

Introduction
Pas de victoire sans luttes. Pas de luttes sans lutteurs. C'est le principe. Le chrétien doit tenir sa croix pour la lutte.

I. **La croix nous identifie à Christ** :
 1. La croix est la bannière du chrétien enrôlé dans la grande armée de Christ. Lu.9 :23
 2. Nous n'avançons pas pour combattre mais pour affirmer notre victoire déjà gagnée par Jésus-Christ. 1Co.15 :57
 3. Nous célébrons cette victoire avec des louanges à Jésus-Christ, le vainqueur du Calvaire. 1Co.15 :57

II. La croix défie Satan

1. Le chrétien marche derrière la croix. Christ l'entoure par derrière et par devant et il met la main sur lui. Ps.139 :5
   a. Dans cette position, il devient invisible aux yeux de Satan le diable.
   b. Il ne peut se vanter que de Christ et de Christ crucifié. 1Co.1 :23
2. C'est à la croix que Satan admet sa défaite et son jugement. « Dès que le morceau fut donné, Satan entra en Judas, pour qu'il livre Jésus ». Jn.13 :27 ; Mt.27 :3
   a. Dès le départ de Judas, Jésus anticipa sa victoire bien avant la crucifixion. Jn.13 : 31-32
   b. Inutile de porter un crucifix sur sa poitrine comme emblème de protection : C'est le formalisme religieux. Dieu ne regarde pas à l'apparence, mais au cœur. 1Sam.16 :7
   c. Inutile de faire le signe de la croix ou de la baiser. C'est de la bigoterie. Mt.6 :1-18

Conclusion

Si vous voulez avoir la croix comme signe de victoire, portez dans votre vie les souffrances pour Christ afin de régner un jour avec lui.

Questions

1. Quel principe détermine la victoire ? La lutte

2. Pourquoi allons-nous au combat ?
   Pour célébrer notre victoire en Christ.

3. Quel service la croix nous rend-elle ?
   a. Elle nous identifie à Christ
   b. Elle défie Satan.

4. Où le chrétien doit il se mettre ?
   Derrière la croix.
5. Quelle est la position de Christ par rapport au chrétien ? Il se tient autour de lui.

6. Pourquoi Satan a-t-il peur de la croix ?
   C'est la croix qui consacre sa défaite et son jugement.

7. Qu'est-ce-que le chrétien doit éviter de faire avec la croix ?
   a. Il n'en porte pas sur la poitrine. C'est de la superstition.
   b. Il ne fait pas le signe de la croix. C'est de la bigoterie.
   c. Dieu ne regarde pas à l'apparence, mais au cœur.

8. Quelle croix porte-t-il ? Les souffrances qu'il endure pour Christ afin de régner avec lui.

Leçon 5
La croix, signe de victoire

Textes pour la préparation : Jn.1 :29 ; 3 :16 ; Ep.2 :3 ; Col.2 : 9-17 ; He.10 :4 ; 1Jn.1 :7
Texte à lire en classe : Col.2 :14-17
Verset de mémoire : Il a dépouillé les dominations et les autorités, et les a livrées publiquement en spectacle, en triomphant d'elles par la croix. Col.2 :15
Méthodes : Discours, comparaisons, questions
But : Prouver la puissance redoutable de la croix de Jésus-Christ.

Introduction
Le 28 Octobre 312 Constantin livra bataille contre Maxence en Italie, et à la fin du jour, il vit dans le ciel une croix avec cette inscription : « Par ce signe tu vaincras. » Et depuis, il se convertit au Christianisme. La croix, n'est-elle pas le drapeau du chrétien ?

I. Signification du drapeau
1. Il peut symboliser **la victoire** sur l'ennemi, la condition d'un peuple libre, le sang des patriotes versé pour l'indépendance.
2. Il peut symboliser le droit d'un peuple à se gouverner, à avoir des rapports diplomatiques avec d'autres pays dans les limites du Droit International.

II. La croix le drapeau du chrétien
   1. Elle est le lieu où la justice de Dieu a été satisfaite pour le salut de tous, juifs et païens. Jn.3 :16
      a. Elle supprime les holocaustes et les sacrifices qu'on offrait selon la Loi et qui ne pouvaient effacer les péchés. He.10 :4
      b. Christ est l'agneau de Dieu qui vient ôter le péché du monde. Jn.1 :29
      Il vient ôter le péché d'Adam dans notre nature et qui nous condamnait.
      Ep.2 : 3 ; Col.2 :14

III. Et que dire du Sang de Jésus-Christ ?
   Son sang nous purifie de nos péchés personnels commis suivant nos tendances. Dieu nous fait grâce pour toutes nos offenses.
   Col.2 :13 ; 1Jn.1 :7

Conclusion
Si vous voulez éviter le jugement dernier, venez aujourd'hui même vous approprier de cette victoire.

Questions

1. Quand et comment Constantin vainquit-il Maxence ?
   Le 28 Octobre 312 il vit une croix dans le ciel avec cette inscription : « Par ce signe tu vaincras »

1. Que fit-il alors ? Il se convertit au Christianisme.

2. Que signifie le drapeau ?
   C'est l'emblème de victoire et de liberté.

3. Pourquoi la croix est-elle appelée le drapeau du chrétien ?
   a. C'est le lieu où la justice de Dieu a été satisfaite pour le salut de tous, juifs et païens.
   b. C'est le lieu où Christ a expié pour nous le péché d'Adam.

4. Et quel est le rôle joué par le sang versé de Jésus-Christ ?
   a. Il nous purifie de tout péché commis suivant nos tendances.
   b. Dieu nous fait grâce pour toutes nos offenses.

Leçon 6
La croix, un signe d'addition

Textes pour la préparation : Mt.5 :16 ; Jn.1 :35-45 ; Ac. 2 : 41 ; 4 : 4 ; 12 :26 ; 1Co.1 :23 ; 2Co.5 :17 ;
Texte à lire en classe : 1Co.1 :18-25
Verset de mémoire : Ceux qui acceptèrent sa parole furent baptisés ; et, en ce jour-là, le nombre des disciples s'augmenta d'environ trois mille âmes. Ac.2 :41
Méthodes : Discours, comparaisons, questions
But : Présenter la croix comme le message obligatoire pour le salut des âmes.

Introduction
Rien qu'à regarder une croix dressée, on y voit un signe d'addition. Comment établir cette analogie ?

I. **Le chrétien connait Christ pour le faire connaitre.**
   Comment ?
   1. Par son témoignage devant les hommes. Mt. 5 :16
      a. Ceux-ci doivent attester que vous êtes une nouvelle créature. Ac.11 :26
      b. Ils doivent attester que votre conviction chrétienne est inébranlable. 2Co.5 :17
   2. Par la communication orale avec ses amis ou des gens de la même catégorie :
      a. Jean attira André à Jésus. Jn.1 ; 35, 41
      b. André amena son frère Pierre à Jésus. Tous étaient des pêcheurs de poissons.

    c. Jn.1 : 41-42
    d. Philippe attira Nathanaël. Jn.1 :45

En peu de temps, le nombre des sauvés passa de 3000 à 5,000. Ac. 3 : 41 ; 4 :4
3. Par le message.
    a. Le Chrétien prêche la Parole et l'enseigne.
    b. Son message doit être Christocentrique. 1Co.1 : 23

Conclusion

Si vous ne pouvez ajouter des âmes au nombre des sauvés, examinez-vous pour savoir si réellement vous avez connu Christ.

Questions

1. A quoi la croix debout ressemble-t-elle ?
   A un signe d'addition.
2. Quel est le but du message de la croix ?
   Faire connaitre Christ.
3. Comment le chrétien va-t-il la présenter ?
       a. Par le témoignage de sa foi devant les hommes.
       b. Par sa conviction chrétienne
       c. Par une vie changée et livrée à Christ.
4. Quelle est la méthode la plus simple ?
   Présenter le message à ses amis, aux gens de sa catégorie.
5. Donnez en trois exemples :
   Jean amena André, André amena Pierre, et Philippe attira Nathanaël.
6. Quelle doit être la nature du message ?
   Il doit être centré sur Christ seul.

Leçon 7 La croix, signe de multiplication

Textes pour la préparation : Mt.28 :20 ; Ac.4 :3-4, 19-20 ; 5 :41 ; 6 :7 ; Ph.1 :14 ;
Texte à lire en classe : Ac.4 :1-4
Verset de mémoire : Et la plupart des frères dans le Seigneur, encouragés par mes liens, ont plus d'assurance pour annoncer sans crainte la parole. Ph.1 :14
Méthodes : Discours, comparaisons, questions
But : Montrer comment la persécution religieuse donne naissance à de vrais chrétiens.

Introduction
« Le sang des martyrs est la semence de l'Evangile » disait Tertullien, un des pères de l'Eglise. Comment se comportaient alors les chrétiens au temps des persécutions religieuses ?

I. **Ils gardent la foi en Jésus-Christ**
   1. Ils ont plus d'assurance pour annoncer la parole. Ph.1 : 14
   2. Ils préfèrent désobéir aux autorités pour n'obéir qu'à Dieu seul. Ac.4 :19-20

II. **Quels en furent les résultats immédiats ?**
   1. Des milliers ont reçu Christ comme Seigneur et Sauveur. Ac.4 : 3-4
   2. Les apôtres furent battus à cause du nom de Jésus-Christ et ils en étaient contents. Ac.5 :41

III. Quels en furent les résultats futurs ?
1. Les nouveaux convertis allèrent prêcher la Parole. Ac.8 :4
2. Le nombre des disciples augmentait. Ac.5 :14
3. une grande foule de sacrificateurs renoncèrent à la Loi et au Sabbat pour se convertir au Seigneur. Ac. 6 :7
4. L'Evangile traverse les continents pour nous parvenir. Mt.28 :19-20
5. Les chrétiens étaient persécutés pour leur foi :
   a. Ils furent brulés vifs comme hérétiques sur des bûchers dans l'année 1478 par l'Inquisition espagnole. (Hist. de l'Egl.)
   b. Plus de 10,000 chrétiens périrent dans la guerre des camisards. Malgré tout, les chrétiens gardaient la foi et leur croix. (Hist. de l'Egl)

IV. Comment avaient-ils pu garder la foi ?
1. Grâce à la fidèle présence du Seigneur Jésus. Mt.28 :20
2. Grace à la conversion de milliers d'âmes au Seigneur malgré les persécutions. Ac.4 :1-4

Conclusion

Le nombre des chrétiens diminuent avec la foi qui tend à disparaitre. Etes-vous satisfait avec ce petit nombre ?

Questions

1. Qui a dit : « le sang des martyrs est la semence de l'Evangile ? »
   Tertullien, l'un des pères de l'Eglise

2. Quelle est l'attitude de chrétiens au temps des persécutions religieuses ?
   a. Ils gardent la foi en Jésus-Christ
   b. Ils annoncent la parole avec plus d'assurance.
   c. Ils préfèrent obéir à Dieu plutôt qu'aux hommes.

3. Quels en furent les résultats immédiats?
   a. Ils furent battus, emprisonnés.
   b. Des milliers ont reçu Christ comme leur Sauveur.

4. Quels en furent les résultats futurs ?
   a. Les nouveaux convertis vont prêcher la parole
   b. Le nombre des disciples augmente.
   c. Beaucoup de sacrificateurs abandonnent la Loi et le Sabbat pour se convertir au Seigneur.

    d. Les chrétiens étaient persécutés pour leur foi.
    e. L'Evangile traverse les continents pour venir jusqu'à nous.

5. Pourquoi les chrétiens gardaient ils la foi ?
    a. Parce que Jésus leur avait promis d'être avec eux tous les jours.
    b. Parce que la conversion de beaucoup d'âmes les encourage.

Leçon 8 La croix, un scandale pour les juifs

Textes pour la préparation : De. 21 : 23 ; Mt.26 : 62-67 ; Lu.2 :8-12 ; 23 :33 ; 24 :13-21 ; Jn.19 :30 ; Ac.5 :30 ; Ro.8 :1 ; 1Co.1 : 18-25 ; Ga.3 :13 ; 5 :11
Texte à lire en classe : 1Co.1 :18-25
Verset de mémoire : Car la folie de Dieu est plus sage que les hommes, et la faiblesse de Dieu est plus forte que les hommes. 1Co.1 : 25
Méthodes : Discours, comparaisons, questions
But : manifester la sagesse de Dieu dans le mystère de la croix.

Introduction
Au temps de Jésus-Christ, les romains crucifiaient les criminels. Aux yeux des juifs, le supplice de la croix est un véritable scandale. Pourquoi ?

I. **Ils attendaient un Messie. Quel Messie ?**
1. Un Messie politique qui aurait restauré l'empire davidique dans toute sa splendeur après avoir mis fin, bien entendu, à l'occupation romaine.
2. Pour eux, un Christ crucifié ne pouvait être le Fils de Dieu, mais un bluffeur : Voilà le scandale !
3. Pour eux, le salut ne pouvait venir d'un supplicié au Calvaire. Notez bien que Paul eut une mort honorable : Il eut la tête tranchée parce qu'il était citoyen romain.

II. Comment Dieu le voit-il ?
1. Un Enfant-Dieu, né dans une crèche misérable : l'hôpital le plus humble. Lu.2 :7
2. Un homme-Dieu dans la mort la plus honteuse : Il meurt comme un vil criminel. Mt.27 :44. Pourquoi ?
   a. Parce que celui qui est pendu au bois est maudit. Jésus a accepté cette malédiction pour s'assurer du salut même du plus grand criminel.
   De.21 :23 ; Ac. 5 :30 ; Ga.3 :13 ; Ro. 8 :1
   b. Il veut attirer tous les hommes à lui. JN.12 :32
   Voilà la folie de Dieu, plus sage que les hommes ! 1Co.1 :23

Conclusion
Désormais rejetez vos efforts pour votre salut. Tout est accompli, dit Jésus en expirant. Jn.19 :30

Questions

1. Du temps des romains, quel était le supplice infligé aux criminels ? Le supplice de la croix.

2. Pourquoi les juifs ne pouvaient-ils accepter Jésus comme leur Messie?
   a. Ils attendaient un Messie politique pour la restauration de l'empire de David.
   b. Ils attendaient un bouleversement pour renverser le joug romain.
   c. Le fils de Dieu ne saurait être crucifié comme un malfaiteur.

3. Comment Dieu le voit-il ?
   a. Un enfant-Dieu né dans une crèche misérable
   b. Un homme-Dieu honteusement crucifié à la place du plus vil pécheur.

4. Pourquoi cette mort était-elle la plus honteuse ?
   a. Seuls les criminels étaient pendus au bois.
   b. Cette méthode était inconnue dans la culture juive.

5. Comment Paul appelle cette méthode appliquée à Christ ? La folie de Dieu plus sage que les hommes.

6. Et pourquoi Paul ne fut-il pas crucifié ? Il était citoyen romain.

Leçon 9 La croix, folie pour les païens

Textes pour la préparation : Ge.12 :1-3 ; Mc.16 :17-18 ; Lu. 13 :1-5 ; Jn.14 :16 ; Ac.13 : 47-48 ; 20 :28 ; 1Co.1 :18-31 ;
Texte à lire en classe : 1Co.1 :18-25
Verset de mémoire : Nous, nous prêchons Christ crucifié; scandale pour les Juifs et folie pour les païen. 1Co.1 :23
Méthodes : Discours, comparaisons, questions
But : Faire ressortir la sagesse de Dieu dans le salut des païens.

Introduction
A regarder une croix, qui aurait cru qu'elle aurait été l'objet de tant de commentaires ? Scandale pour les juifs, maintenant folie pour les païens ! Pourquoi les païens la voient-il ainsi?

I. **Perception des païens du temps de Jésus.**
   1. D'après eux, la crucifixion était une manière quelconque de mourir. Elle n'a aucun rapport avec le salut des âmes.
   2. Pour eux, Jésus meurt pour lui-même ; sa disparition passe pour un fait divers.

II. **Perception des païens de nos jours.**
   C'est aux juifs de discuter de cette histoire. Elle ne fait pas partie de leur culture.

III. Ce qu'il leur faudrait savoir :
1. Le premier païen converti était Abraham. Ge.12 : 1
2. A partir d'Abraham, Dieu a décidé de former une grande nation. Ge.12 :2
3. Cette grande nation aurait pour but de faire connaitre le vrai Dieu à tous les habitants de la planète. Ac.13 :47-48
Israël était cette nation, mais il a failli à sa mission. C'est pourquoi Jésus bâtit l'Eglise avec son sang pour le remplacer. Ac.20 :28
   a. Il lui donne le Saint Esprit pour accomplir sa mission. Jn.14 : 16
   b. Ainsi, les chrétiens peuvent faire des miracles, chasser les démons, guérir les malades, neutraliser les effets des poisons au nom de Jésus. Ce sont là des évidences chrétiennes parmi tant d'autres. Mc.16 : 17-18

Conclusion

Sachez que l'opinion des gens ne détermine ni la sagesse ni la puissance de Dieu. Le temps pour vous d'en discuter, vous êtes déjà à la porte de l'enfer. Je vous en prie, ne badinez pas avec le salut de votre âme ! 1Co.1 :18-35

Questions

1. Comment les païens du temps de Jésus voyaient-ils la crucifixion ?
   a. Comme un fait divers.

b. Elle n'a aucun rapport avec le salut des âmes.
2. Quelle en est la perception des païens d'aujourd'hui ?
   a. C'est aux juifs de discuter de cette histoire.
   b. Elle ne fait pas partie de leur culture.
3. Que leur fallait-il savoir ?
   Cela devait les regarder pour les raisons suivantes :
   a. Abraham fut le premier païen converti.
   b. Dieu en a fait une grande nation.
   c. Toutes les nations seront bénies en Abraham.
   d. D'Abraham venaient les juifs dont la mission était de faire connaitre le vrai Dieu aux nations.
   e. A la faillite d'Israël, Jésus bâtit son Eglise pour atteindre le monde païen.
4. Quelles sont les preuves de l'autorité de l'Eglise pour cette mission ?
   a. Le Seigneur les équipe avec le Saint-Esprit
   b. Pour chasser les démons,
   c. Pour guéri les malades,
   d. Pour neutraliser les effets des poisons violents au nom de Jésus-Christ.

5. Quel est le danger encouru par les incrédules ?
   a. Ils ne peuvent rien changer dans la sagesse de Dieu.
   b. Le temps pour eux d'en discuter, ils sont déjà à la porte de l'enfer.

Leçon 10 La croix un signe d'humiliation

Textes pour la préparation : Es. 53 :1-12 ; Mt. 16 :21 ; 26 :38 ; 27 :20-31 ; 22 :67 ; Lu.22 : 39-44, 65 ; Jn.12 :27-32 ; 19 :17-18 ; 1Co.15 :57 ; Ph.2 :8
Texte à lire en classe : Es.53 :1-7
Verset de mémoire : Il a été maltraité et opprimé et il n'a point ouvert la bouche. Es.53 :7a
Méthodes : Discours, comparaisons, questions
But : Informer tous du prix de notre salut.

Introduction
Il n'y pas un moment plus angoissant que la perspective d'une souffrance à venir. Jésus l'a annoncé à ses disciples et tristement, il attendit son heure. Comment allait-il vivre cette heure-là ? Jn.12 :27

I. **Elle commença** avec **son angoisse sur la montagne des Oliviers.** Lu.22 :39
   1. Tandis que son heure approche, il priait avec instance. Son âme est triste jusqu'à la mort. Mt.26 :38 ; Lu.22 :44
   2. Il sait qu'il doit souffrir. Mt.16 : 21
   3. Il sait que le plan du salut des hommes est invariable, et c'est pour cette heure qu'il était venu. Jn.12 :27 ; Ph.2 :8
   4. Il sait qu'il sera crucifié. Mais c'est le seul moyen d'attirer tous les hommes à lui, juifs et païens. Jn.12 :32

5. Il sait que c'est le seul moyen de nous délivrer de la puissance du péché et vaincre Satan. 1Co.15 :57
6. Il sait que lui seul doit en payer le prix. Et ce prix c'est sa mort pour nous. Jn.3 :16

II. **Elle continue dans ses souffrances physiques**
1. Il fut déshabillé en public. Mt.27 :28 et 31
2. Il fut accablé d'injures et de crachat au visage. Il fut giflé plusieurs fois. Mt.27 :30 ; Lu.22 : 65
3. Il fut jugé par un tribunal humain sans qu'il ait osé exercer son droit divin. Mt.27 :20-23
4. Il a tout accepté sans ouvrir la bouche ; on dirait un agneau qu'on mène à la boucherie. Es. 53 : 7
5. Il fut humilié par la crucifixion entre deux malfaiteurs. Jn.19 : 17-18

Conclusion

Voilà le prix payé par Christ pour votre salut. Quel est maintenant le prix que vous voulez payer pour annoncer son message ?

Questions

1. Quand Christ commence-t-il à souffrir de la croix ?
   Depuis son agonie au mont des Oliviers.

2. Comment décrire son état d'âme ?
   a. Il sait qu'il doit souffrir
   b. Il sait qu'il sera crucifié pour attirer à lui juifs et païens.
   c. Il sait que c'est le seul moyen pour nous délivrer de la puissance du péché et de Satan le diable.

3. Quel était le point maximal de son humiliation ?
   a. Il fut déshabillé en public.
   b. Il fut accablé d'injures, de crachat au visage et giflé comme un criminel.
   c. Il fut jugé par un tribunal humain sans voie de recours.
   d. Il a tout accepté comme un agneau qu'on mène à la boucherie.
   e. Il fut crucifié entre deux malfaiteurs.

4. Qu'attend-t-il de nous les rescapés ?
   Que nous acceptions de propager le message du salut.

Leçon 11
Les impératifs de la résurrection de Jésus-Christ

Textes pour la préparation : Es.53 : 5-7 ; Mt. 16 :21 ; Lu. 9:51; 23 :2-6 ; 24 :1-7 ; Jn.3 :16 ; 11 :53 ; 12 : 27-32; 13 :27 ; 1Co. 15: 17-19; 2Co.5: 19-20; Ep.1 :4 ; He.12 :2 ; 1Pi.1:19-20
Texte à lire en classe : Lu. 24 :1-7
Verset de mémoire : Il faut que le Fils de l'homme soit livré entre les mains des pécheurs, qu'il soit crucifié, et qu'il ressuscite le troisième jour. Lu.24 :7
Méthodes : Discours, comparaisons, questions
But : Montrer le plan irréversible de Dieu pour la rédemption du pécheur.

Introduction
Il faut que le Fils de l'homme soit livré entre les mains des pécheurs, Il faut qu'Il soit crucifié, il faut qu'il ressuscite le troisième jour. Voilà en résumé, le plan de notre rédemption. Lu.24 : 1-7
Que nous faut-il savoir ?

I. **C'est une décision arrêtée de Dieu.**
   Jésus devait mourir. Jn.3 :16
   a. Les anges le savaient. Lu.24 :4-7
   b. Jésus le ratifiait. Mt. 16 : 21; Lu.9 : 51
   c. Le Père le confirmait. Jn. 12 :27-32
   Ainsi sa victoire sur Satan était gagnée avant sa montée au Calvaire. Jn.12 : 31

II. Voyons le scenario.
1. Les sacrificateurs et les scribes cherchaient les moyens de faire mourir Jésus. Jn.11 :53
   Or Satan **entra** en Judas pour livrer le Seigneur.Jn.13 :27
2. Entre temps, **Dieu était déjà en Christ** pour réconcilier le monde avec lui-même. 2Co.5 :19-20
3. Quand Jésus cria : « Mon Dieu, mon Dieu pourquoi m'as-tu abandonné ? » Dieu ne pouvait donc lui répondre, pour deux raisons
   a. La première, c'est qu'il **était déjà en Christ** pour le glorifier. Jn.12:28; 2Co.5:19
      C'est dans la perspective de cette gloire qu'il souffrait sans gémir. He.12: 2
   b. La deuxième, c'est la dernière prophétie à s'accomplir sur Christ. Il était venu pour nous racheter.
      Es.53 : 5-7 ; Ep.1 :4 ; 1Pi.1 :19-20

IV. Il doit ressusciter le troisième jour.
La résurrection de Jésus-Christ est le fondement du Christianisme et la base de notre foi chrétienne. 1Co.15 : 17-19

Conclusion
Dans nos heures les plus noires, Jésus est là. Puisqu'il tient parole, soyons fidèles à la nôtre.

Questions

1. Pourquoi Jésus n'avait-il pu éviter le Calvaire ?
   C'était une décision arrêtée de Dieu.

2. Comment la scène fut-elle jouée ?
   a. Les sacrificateurs et les scribes cherchaient une occasion pour tuer Jésus.
   b. Or Satan entra en Judas pour faciliter leur tâche.

3. Pourquoi le Père ne pouvait-il voir Jésus sur la croix ?
   a. A ce moment, il était en Jésus pour réconcilier le monde avec lui-même.
   b. Il y était pour le glorifier
   c. Enfin c'était la dernière prophétie sur Christ ; elle devait s'accomplir.

4. Que représente la résurrection de Jésus-Christ ?
   C'est le fondement du Christianisme et la base de notre foi chrétienne.

Leçon 12
Le pouvoir mystérieux de sa résurrection

Textes pour la préparation : Jo.5 :15 ; Ps.91 :1 ; Da.3 :24-25 ; 6 :22 ; Lu.24 :30-39 ; Jn.20 :17-27 ; Ac.2 :11 ; 12 :7-12 ; Ro.13 ; 12-14 ; 1Co. 10 :1-10
Texte à lire en classe : 1Co.10 :1-10
Verset de mémoire : Ils ont tous bu le même breuvage spirituel, car ils buvaient à un rocher spirituel qui les suivait, et ce rocher était Christ. 1Co.10 :4
Méthodes : Discours, comparaisons, questions
But : Montrer le pouvoir exceptionnel de Christ par suite de sa résurrection.

Introduction
Après la résurrection du Seigneur, nous n'avons plus affaire à ses déplacements contrôlés mais à des apparitions jusqu'au jour de son ascension. D'où lui vient ce pouvoir ?

I. Il est Dieu.
1. Il était le général de division pour l'armée de Josué. Jo.5 :15
2. Le rocher qui suivait le peuple d'Israël dans le Désert. 1Co.10 :4
3. L'Ange protecteur des trois jeunes hébreux dans la fournaise. Da. 3 :24-25
4. Le Lion de Juda pour protéger Daniel dans la fosse, pour ne citer que cela.Da.3 :24-25 ; 6 :22

II. Il est Dieu et homme
1. A peine ressuscité, il dit à Marie de ne pas le toucher. Il doit se rendre à l'instant au ciel pour remettre notre dossier attendu depuis trente-trois ans. Jn.20 :17
2. Après cela, Il permit à Thomas et aux disciples d'Emmaüs de le toucher. Lu.24 :39 ; Jn.20 :27
   a. Il entra dans une salle, les portes étant fermées. Jn.20 :19
   b. A son ascension, on le voyait disparaitre dans les nuées. Ac.2 :11

IV. Avons-nous ce pouvoir ?
1. Bien sûr. Une fois revêtu du Seigneur Jésus, Dieu vous rendra invisible aux yeux des ennemis. Ps.91 :1 ; Ro.13 :12-14
2. Il vous ouvrira des portes fermées et même verrouillées, et, si vous doutez, allez et interrogez l'apôtre Pierre. Ac.12 :7-12

Conclusion

Venez jouir de ce pouvoir que tous les magiciens du monde réunis ne peuvent exercer.

Questions
1. Qu'est-ce-qui change dans les habitudes du Seigneur après la résurrection ?
   a. On ne le voit plus de lieu en lieu pour prêcher et guérir les malades.
   b. On ne voit que ses apparitions.

2. Comment manifeste-t-il sa puissance divine ?
   a. Il agit comme chef d'armée
   b. Il était un rocher qui suivait partout le peuple dans le Désert.
   c. Il protégeait les trois jeunes hommes dans la fournaise
   d. Il se fit Lion pour protéger Daniel des autres lions.

3. Montrez qu'il est Dieu et homme même après sa résurrection.
   a. A peine levé d'entre les morts, il dit à marie : « Ne me touche pas. » Il doit aller au ciel porter son rapport.
   b. Peu après, il permit aux disciples d'Emmaüs et à Thomas de le toucher.
   c. Comme Dieu, il entra dans une salle fermée
   d. Comme Dieu il monta au ciel, à travers les nuées.

4. Avons-nous ce pouvoir ?
   a. Oui, il le met à notre disposition. :
   b. Pour nous rendre invisible aux yeux des ennemis
   c. Pour nous ouvrir les portes fermées par la méchanceté des hommes
   d. Il nous investit du pouvoir que tous les magiciens du monde réunis ne peuvent exercer.

Récapitulation des versets

Leçon 1.
Puis il dit à tous : Si quelqu'un veut venir après moi, qu'il renonce à lui-même, qu'il se charge chaque jour de sa croix, et qu'il me suive. Lu.9:23

Leçon 2
Mais je traite durement mon corps et je le tiens assujetti, de peur d'être moi-même rejeté, après avoir prêché aux autres. 1Co.9 :27

Leçon 3
Car il y a un seul Dieu, et aussi un seul médiateur entre Dieu et les hommes, Jésus Christ homme, qui s'est donné lui-même en rançon pour tous1Ti.2 :5-6a

Leçon 4
Car la prédication de la croix est une folie pour ceux qui périssent ; mais pour nous qui sommes sauvés, elle est une puissance de Dieu. 1Co.1 :18

Leçon 5
Il a dépouillé les dominations et les autorités, et les a livrées publiquement en spectacle, en triomphant d'elles par la croix. Col.2 :15

Leçon 6
Ceux qui acceptèrent sa parole furent baptisés ; et, en ce jour-là, le nombre des disciples s'augmenta d'environ trois mille âmes. Ac.2 :41

Leçon 7
Et la plupart des frères dans le Seigneur, encouragés par mes liens, ont plus d'assurance pour annoncer sans crainte la parole. Ph.1 :14

Leçon 8
Car la folie de Dieu est plus sage que les hommes, et la faiblesse de Dieu est plus forte que les hommes. 1Co.1 : 25

Leçon 9
Nous, nous prêchons Christ crucifié ; scandale pour les Juifs et folie pour les païens. 1Co.1 :23

Leçon 10
Il a été maltraité et opprimé et il n'a point ouvert la bouche. Es.53 :7a

Leçon 11
Il faut que le Fils de l'homme soit livré entre les mains des pécheurs, qu'il soit crucifié, et qu'il ressuscite le troisième jour. Lu.24 :7

Leçon 12
Ils ont tous bu le même breuvage spirituel, car ils buvaient à un rocher spirituel qui les suivait, et ce rocher était Christ. 1Co.10 :4

Torche Foudroyante 16 Série 2

Les Témoins de Jésus-Christ

Avant-propos

« Vous serez mes témoins ». C'était la déclaration testamentaire de Jésus-Christ aux apôtres, à la veille de son ascension. Ils sont par-là devenus, à la fois, les mandataires de l'homme le plus rabaissé de la planète et du Dieu souverainement élevé dans les cieux, sur la terre et sous la terre et devant qui tout genou doit fléchir. Et dès lors, ils font partie de cette grande nuée de témoins dont la liste s'allonge jusqu'à nous. Nous les félicitons pour leur engagement grâce auquel nous sommes aujourd'hui membres de la grande famille de Dieu. Soyons aussi fidèles dans cette course de relais où le flambeau nous est passé avec le même Esprit qui les animait.

Pasteur Renaut Pierre-Louis

Leçon 1
Les témoins de Jésus-Christ, qui sont-ils ?

Textes pour la préparation : Mt. 28 :19-20 ; Ac.4 :1-31 ; 5 :1-41 ; 1Pi.3 :15
Texte à lire en classe : Ac.4 :8-20
Verset de mémoire : Pierre et Jean leur répondirent : Jugez s'il est juste, devant Dieu, de vous obéir plutôt qu'à Dieu ; car nous ne pouvons pas ne pas parler de ce que nous avons vu et entendu. Ac.4 :19-20
Méthodes : Discours, comparaisons, questions
But : Montrer les caractéristiques d'un témoin de Jésus-Christ

Introduction
La mission des apôtres débute avec la dernière volonté du Seigneur : « Vous serez mes témoins ».

I. **Qu'est-ce-qu'un témoin :**
1. Ce mot vient « du grec **martyrein** » qui veut dire : Témoigner, rendre témoignage. Ainsi les témoins de Jésus-Christ s'exposent **au martyr** pour dire pour la vérité.
2. Les témoins sont donc des gens sur qui Christ peut compter. Ac.4 :19-20 ; 5 :41
3. Ils sont conscients de leur responsabilité de dire tout ce qu'ils ont vu et entendu dans leur relation avec Jésus. Le Saint Esprit s'offre alors pour les appuyer. Jn.14 :16

II. **Comment définir leur rôle dans le Nouveau Testament ? Ils doivent :**
1. Proclamer l'Evangile. Mt.28 :19
2. Faire des disciples, c'est-à-dire :
   a. Enseigner à l'Ecole du dimanche. Mt.28 :19
   b. Instruire les catéchumènes en vue de leur baptême. Mt. 28 :19
4. Enseigner tout ce que Jésus-Christ leur avait prescrit. Cette entreprise donc n'est pas l'œuvre d'un jour. Il faudra qu'on établisse des séminaires théologiques et des Ecoles bibliques Mt.28 :20

II. **Ils doivent défendre la vérité**
1. Devant les juifs, observateurs de la Loi, en leur disant tout ce qu'ils savent de Jésus. Ac.4 :19-20
2. Devant les païens, adorateurs des faux dieux, en leur démontrant les raisons de leur espérance en Jésus, le Dieu fait homme pour nous sauver. 1Pi.3 :15
3. En se cachant derrière la croix pour dire la vérité. Et leur foi doit être prouvée par leur témoignage. Ac.3 :16

Conclusion
Si Jésus n'a pas de témoins, sa cause est perdue. Etes-vous prêts à la défendre ?

Questions

1. D'où vient le mot « témoin » ? Du grec martyrein, témoigner, rendre témoignage.

2. A quoi le témoin s'expose-t-il quand il dit la vérité ? A la mort

3. Quelles sont les caractéristiques du témoin de Jésus-Christ ?
   a. Un chrétien conscient de sa responsabilité pour dire ce qu'il peut prouver de Jésus-Christ
   b. Un chrétien sur qui Christ peut compter.
   c. Un chrétien animé par le Saint-Esprit pour appuyer pour appuyer son témoignage.

4. Quel était son rôle dans le Nouveau Testament ?
   a. Proclamer l'Evangile
   b. Enseigner à l'Ecole du dimanche, faire des disciples à la classe des catéchumènes.

5. Quelle est sa clientèle ?
   Les juifs observateurs de la Loi, les païens adorateurs des faux dieux.

6. Quelle est sa position quand il témoigne ?
   Derrière la croix de Jésus-Christ.

Leçon 2
Conditions pour être témoin

Textes pour la préparation : Ac.1 : 1-4 ; 2 :1-4 ; 4 :20 ; 5 :30-32 ; Ro.1 :16 ; 8 :38-39 ; 2Ti.1 :2,12 ; 1Jn.1 :1-2
Texte à lire en classe : 1Jn.1 :1-5
Verset de mémoire : Ce que nous avons vu et entendu, nous vous l'annonçons, à vous aussi, afin que vous aussi vous soyez en communion avec nous. 1Jn.1 :3a
Méthodes : Discours, comparaisons, questions
But : Définir en détail le rôle du témoin

Introduction
Il n'y a pas un rôle plus délicat que celui d'être un témoin du Seigneur. Qui peut l'être en fait ?

I. Voyons ses qualifications objectives
1. Il faut avoir compris, retenu et déclaré ce qu'on a vu ou entendu. Ac.4 :20
   a. Ce que nous avons vu de nos yeux, que nos mains ont touché, nous vous l'annonçons, dira Jean. 1Jn.1 :1-2
   b. Nous sommes les témoins de la résurrection et de l'Ascension du Seigneur, dira Pierre. Ac.5 :30-32
   c. Ajoutons deux déclarations de Paul : « Je n'ai point honte de l'Evangile, car c'est la puissance de Dieu pour le salut de quiconque croit ». Ro1 :16

    d. Car j'ai l'assurance que rien ne pourra me séparer de l'amour de Dieu manifesté en Jésus-Christ. Ro. 8 : 38-39
2. Il faut pouvoir en parler avec conviction.
    a. Je sais en qui j'ai cru, dira Paul. 2Ti.1 :12
    b. Ce que tu as entendu de moi en présence de témoins, confie-le à des hommes fidèles qui soient capables de l'enseigner à d'autres. 2Ti.2 :2

II. Ses qualifications subjectives

Outre la connaissance biblique, Il lui faut une qualification spirituelle.

Le Seigneur disait aux apôtres de rester à Jérusalem pour **attendre** la puissance du Saint Esprit. Elle arriva après dix jours de *jeûne et de prière* Ac. 1 : 4 ; 2 :1-4

Conclusion

Suivez le même principe et attendez ce que le Père a promis. Ac.1 :4

Questions

1. Quelles sont les qualifications objectives du témoin de Jésus-Christ ?
   a. Le témoin doit avoir compris, retenu et être prêt à déclarer ce qu'il avait vu et entendu de Christ.
   b. Il doit parler avec conviction.

2. Quelle sont ses qualifications subjectives ?
   a. Il doit connaitre le Dieu de la Parole
   b. Il doit avoir reçu la puissance du Saint-Esprit.

3. Trouvez l'auteur de ces déclarations :
   a. Je sais en qui j'ai cru ___ Pierre ___ Le pape ___ Paul
   b. Ce que nous avons vu de nos yeux, que nos mains ont touché, nous vous l'annonçons :
   c. ___ Etienne ___ TBN ___ l'apôtre Jean

4. Vrai ou faux
   a. Immédiatement après avoir jeûné et prié on peut aller prêcher. ___ V___ F
   b. Un comité seul peut désigner des frères pour aller en mission. ___V___ F
   c. Le Saint-Esprit seul peut vous donner la puissance nécessaire pour un ministère fructueux. ___ V ___ F
   d. Dès que la mission vous donne un haut-parleur et un salaire, vous êtes qualifié pour aller et prêcher. ___ V ___ F

Leçon 3
La preuve de cette qualification

Textes pour la préparation : Jn.16 :13 ; Ac.1 :14-26 ; 4 :36 ; 13 :1-9
Texte à lire en classe : Ac.1 :15-26
Verset de mémoire : Mais le Seigneur lui dit : Va, car cet homme est un instrument que j'ai choisi, pour porter mon nom devant les nations, devant les rois, et devant les fils d'Israël. Ac.9 :15
Méthodes : Discours, comparaisons, questions
But : Démontrer que la connaissance biblique ne qualifie personne pour être un témoin de Jésus-Christ.

Introduction
Dans la dernière leçon, vous avez vu les apôtres dans un service de jeûne et de prière. Que firent-ils?
I. **Ils anticipaient la venue du Saint-Esprit**
  Avec l'appui de l'assemblée, Pierre proposa un vote pour élire le successeur de Judas le défunt. Ac.1 : 17-19
  1. C'était une décision «mécanique». Ac.1 :20-21
  2. Ils ont mis Jésus devant un fait accompli. Ac.1 :24
     a. En effet, ils firent un tirage au sort et le sort tomba sur Matthias qui fut associé aux onze apôtres. Ac.1 :26

b. Depuis lors, **on n'entend plus parler de ce Matthias**. Pourquoi ? Parce que c'était un choix arbitraire.

III. **Le vrai choix par le Saint-Esprit. Ac.13 :1-4**
1. Un comité électoral mixte présidait à ce choix. C'était :
   a. Barnabas, un chypriote grec. Ac.4 :36
   b. Siméon, un nigérien de l'Afrique de l'Ouest.
   c. Lucius de Cyrène, un maghrébin de l'Afrique du Nord.
   d. Manahem qui avait été élevé avec Hérode le tétrarque et Saul. Ac.13 :1
2. Ce comité servait le Seigneur et avait l'expérience du ministère. Cependant, le choix des missionnaires incombait au Saint Esprit. Ac.13 : 2
   a. Ce comité jeûnait et priait.
   b. Point de tirage au sort. **Le Saint Esprit choisit Saul comme le douzième apôtre** manquant et Barnabas pour son compagnon. C'est un instrument que j'ai choisi, dit le Seigneur. Ac.9 :15

Notez que dès lors, il ne sera plus question de Saul (grand) mais de Paul (petit). Actes 13 : 9

Conclusion
Evitons les choix émotionnels et rationnels et remettons au Saint-Esprit le soin de nous conduire dans toute la vérité. Jn.16 :13

Questions

1. Quelle était l'erreur commise par Pierre après un service de jeûne et de prière?
   Il fit un tirage au sort pour remplacer le défunt Judas.

2. Qui était le vainqueur dans cette élection ?
   Matthias

3. Comment qualifier ce choix ?
   C'était un choix arbitraire.

4. Qui en avait fait le bon choix ?
   Un comité appuyé par le Saint-Esprit.

5. Qui étaient élus ? Paul et Barnabas

6. Donnez la preuve que Paul était le douzième apôtre. Jésus l'a dit lui-même.

7. Qu'est-ce-que Dieu a fait pour le qualifier ?
   Il changea son nom Saul (grand) en Paul (petit).

8. Récitez le verset. Ac. 9 :15

Leçon 4
Les risques encourus par le témoin

Textes pour la préparation : Jn.9 : 1-41 ; Ac.16 : 16-31 ; 2Co.6 : 8 ; 11 :26
Texte à lire en classe : Jn.9 :18-30
Verset de mémoire : Ils lui répondirent : Tu es né tout entier dans le péché, et tu nous enseignes ! Et ils le chassèrent. Jn.9 :34
Méthodes : Discours, comparaisons, questions
But : montrer que la conviction du témoin n'est pas négociable.

Introduction
Le nombre de témoins pour Christ diminue au fil du temps. Pourtant Jésus vous demande de vous embarrasser pour lui. Quels sont les risques à courir par le témoin ?

I. **Vous allez affronter des opposants.**
   1. *Des gens qui ne vous aiment pas.* Ils ont peut-être des préjugés de rang, de couleur, de nationalité ou de religion.
   L'aveugle-né fut chassé par les pharisiens parce qu'il témoignait que Jésus-Christ venait de Dieu. Jn.9 : 30-34
   2. *Des gens hostiles à l'Evangile.* Ils ne veulent pas entendre parler de Jésus en raison de leur bigoterie ou de leur éducation.
   Ac.17 :5-7

a. Des romains arrêtèrent Paul et Silas et les trainèrent sur la place publique devant les magistrats parce que le message des apôtres était une offense à leur culture. Ac.16 : 19-24
b. Ils furent roués de coups et jetés ensuite en prison en attendant leur jugement. Ac.16 :22-23
3. *Des gens indifférents au message.* Ils se font souci seulement de leurs besoins matériels. Ac.17 : 30-33

II. **Vous risquez des oppositions au sein de l'Eglise et au sein de la communauté.**
1. Paul vit au milieu de la bonne et de la mauvaise réputation. 2Co.6 :8
2. Sa vie fut en péril parmi les juifs et aussi parmi les faux-frères. 2Co.11 :26

Conclusion
Jésus n'avait pas caché aux disciples qu'ils auront des tribulations dans le monde. Cette annonce vous fait-elle peur ? Jn.16 :33

Questions

1. Quels sont les risques à courir quand on témoigne pour Christ ?
   a. On peut affronter des opposants.
   b. On peut être mal vu et maltraité.

3. Qu'en est-il dans l'Eglise et dans la communauté ?
   a. On peut vous critiquer.
   b. On peut vous tendre des pièges.

4. Les disciples étaient-ils pris au dépourvu ?
   Non. Jésus les avait prévenus qu'ils auront des tribulations dans le monde.

5. Vrai ou faux
   a. Jésus décourage les disciples en leur parlant de tribulations. __ V __ F
   b. L'Evangile ne demande pas de sacrifice.
      __ V __ F
   c. Quand les gens s'opposent à votre message, vous devez les injurier et les «classer».
      __ V __ F
   d. Il faut témoigner pour Christ en temps et hors de temps __ V __ F

Leçon 5

Les effets probables du témoignage

Textes pour la préparation : Jn.4 :1-43 ; Ac.14 :8-25
Texte à lire en classe : Jn.4 : 28-30, 39-43
Verset de mémoire : Venez voir un homme qui m'a dit tout ce que j'ai fait ; ne serait-ce point le Christ ? Jn.4 :29
Méthodes : Discours, comparaisons, questions
But : Montrer que les résultats du témoignage dépendent de Dieu.

Introduction
Rien ne dit que le témoignage du témoin sera accepté. Il peut même en être victime.

I. **Quelle doit être la qualité de son témoignage ?**
   Il doit être la reproduction fidèle de ce que Christ représente dans sa vie. C'est de là que part l'énergie qui se dégage de leur message.

II. **Un exemple de témoignage accepté.**
   La femme samaritaine a ému toute une ville par son témoignage. Quel était son secret? Jn.4 :39
   1. Elle s'est humiliée pour exalter Christ. Jn.4 :29
   2. Dans son zèle pour Christ, elle abandonna sa cruche pour ne pas freiner son élan. Jn.4 : 28

a. « Venez voir, dit-elle, un homme qui m'a dit tout ce que j'ai fait ! Ne serait-ce point le Christ ? » Jn.4 :29

b. Et comme résultat, de nombreux samaritains de cette ville crurent en Jésus et commencèrent par témoigner, eux aussi, que Jésus est vraiment le Messie. Jn.4 : 39-42

III. Un témoignage générateur d'une controverse
1. A Lystre, Paul guérissait un boiteux de naissance. Immédiatement, la foule appelait Paul Mercure et Barnabas Jupiter, d'après les noms des dieux romains. Ac.14 : 8-18
2. Il avait suffi d'une contre-indication des juifs d'Antioche pour que cette même foule lapidât Paul et le laissât à demi-mort, hors de la ville. Ac.14 : 19-20

Conclusion
Au lieu de se décourager par cette persécution, Paul se sentit au contraire plus fort pour témoigner pour Christ avec plus de zèle. Ac.14 : 21-25
Etes-vous gagné par son exemple ?

Questions

1. D'où vient l'énergie qui se dégage dans le témoignage du témoin?
   De sa conviction que Christ a changé sa vie.
2. Comment la samaritaine a-t-elle pu émouvoir toute une ville ?
   a. Par son humilité à confesser son état de péché
   b. Par l'abandon de sa cruche pour ne pas freiner son élan. Elle n'avait rien à cacher.

3. Quel en fut le résultat ?
   a. Elle amena toute une ville au pied de Jésus.
   b. Des conversions massives furent réalisées.
4. Qu'en était-il de Paul à Lystre ?
   A la guérison du boiteux de Lystre, on nomma Paul Mercure et Barnabas Jupiter.

5. Comment la situation a-t-elle tournée ?
   Des juifs d'Antioche soulevèrent la foule contre Paul. Il fut lapidé.
6. Vrai ou faux
   a. La femme samaritaine était contente d'avoir eu d'éventuels clients. __V __F
   b. Elle s'effaça pour glorifier son Sauveur. __V __F
   c. Paul cita ses détracteurs au tribunal. __V __F
   d. Il refusa le titre de dieu offert par les païens. __V __F

Leçon 6
La position du Témoin

Textes pour la préparation : Mt. 11 : 28 ; 26 : 69-74 ; Mc.16 :17-18 ; Jn.20 :6-10 ; Ac.2 :1-36 ; 3 :16 ; 4 :10-16 ; 5 :12-32
Texte à lire en classe : Ac.2 :32-36
Verset de mémoire : C'est ce Jésus que Dieu a ressuscité; nous en sommes tous témoins. Ac.2 :32
Méthodes : Discours, comparaisons, questions
But : confondre les contradicteurs par les preuves de son témoignage.

Introduction
L'une des questions souvent posées au tribunal par l'avocat de la Défense au témoin de la partie adverse est celle-ci : « Où étiez-vous quand le fait s'est produit ? » Et maintenant, qu'en est-il du témoin de Jésus-Christ devant les contradicteurs ?

I. **Il doit déclarer où il était :**
   1. Pierre avait vérifié le tombeau vide après la résurrection du Seigneur. Jn.20 :-6-10
   2. Il témoigne devant tous que Christ est ressuscité et qu'il est maintenant glorifié. Ac.2 : 32, 36

II. **Il doit le prouver**
   Jésus avait promis que des miracles et des prodiges se feront par ceux qui auront cru : Mc.16 :17-18

1. En effet, le Saint-Esprit descendit en puissance sur les apôtres. Ac.2 :1-3
2. Dès lors, Pierre n'a plus peur. Il prêcha l'Evangile avec courage. Ac.5 :29-32
3. Il témoigna que c'est par la foi en Jésus-Christ que ce boiteux fut guéri. Ac.3 :16 ; 4 :10
4. Le Saint Esprit appuya le témoignage des apôtres par des prodiges et des miracles. Ac.5 :12 ; 19 :11

III. **Les faits doivent être indéniables.**
1. Personne ne peut nier la guérison du boiteux de naissance. Ac. 4 : 14-16
2. Hier, Pierre reniait Jésus. Mt. 26 :69-74
Aujourd'hui, malgré sa pauvre éducation, il le défend avec assurance devant le tribunal.
Ses adversaires même témoignent qu'il est un illettré mais attestent aussi qu'il est un disciple de Jésus. Ac.4 :13

Conclusion
Pierre se tenait derrière la croix du calvaire pour témoigner pour Christ. Et vous, quelle est votre position devant les adversaires de l'Evangile ?

Questions

1. Quelle est d'ordinaire la question posée par l'avocat de la Défense au témoin ?
   Où étiez-vous quand le fait s'est produit ?

2. Que pourrait répondre Pierre à cette question ?
   « Après la résurrection du Seigneur, j'ai vérifié que le tombeau était vide. »

3. Comment va-t-il le prouver ?
   a. Par la puissance du Saint-Esprit descendu sur les apôtres
   b. Par le courage qu'il a maintenant pour prêcher. Il n'a peur ni des hommes ni des conséquences de son témoignage.
   c. Il peut exhiber la preuve que ce boiteux de naissance était guéri.
   d. La terre trembla à son témoignage.

4. Sur quoi les pharisiens devaient-ils réfléchir ?
   a. Sur la puissance du Saint-Esprit en Pierre, un homme du peuple sans instruction.
   b. Sur leur propre incapacité de faire des miracles avec la connaissance de la Loi et l'observation du Sabbat.

5. Quel était le message central des apôtres ?
   La résurrection de Jésus-Christ.

Leçon 7
La position de Christ dans le témoignage

Textes pour la préparation : Mt. 28 : 20 ; Ac.9 : 15-16 ; 21 :27-30 ; 22 :1-25 ; 23 :11
Texte à lire en classe : Ac.9 :8-16
Verset de mémoire : J'ai été crucifié avec Christ ; et si je vis, ce n'est plus moi qui vis, c'est Christ qui vit en moi. Ga.2 :20a
Méthodes : Discours, comparaisons, questions
But : Rappeler aux chrétiens que la souffrance fait partie du ministère chrétien.

Introduction
A mesure que le témoin s'éloigne de son milieu (Jérusalem), ses atouts diminuent. Il va falloir qu'il dépende totalement du Saint–Esprit. Comment Dieu alors va-t-il le guider ?

I. **Le témoin doit marcher derrière Christ.**
   Dans cette position, Paul fut :
   1. D'abord, traduit devant le tribunal à Jérusalem à cause de l'Evangile et à cause des païens qu'il introduisit dans le temple. Ac.21 : 27-30
   2. Puis, témoigna de sa conversion au Seigneur devant eux. Ac.22 : 1-21
   3. Et comme conséquences, fut giflé et battu de verges. Ac.22 :25 ; 23 : 2

II. Dieu approuva ses souffrances. Ac.9 : 15-16

1. Il l'avait d'ailleurs choisi comme son instrument pour une mission mondiale. Ac.9 :15
2. Il a même déclaré que son missionnaire va souffrir pour son nom. Ac.9 :16
   a. Après avoir reçu des coups au milieu de l'humiliation, le Seigneur lui exigea d'aller **aussi** à Rome pour témoigner. C'est une décision péremptoire !
   Mt. 28 :20 ; Ac. 23 :11
   b. Personne pour payer sa caution, Le témoin n'a que Christ.
   c. Il est comme une balle dans un fusil. Seul le tireur peut décider de sa destination.
   d. Finalement, Paul fut emprisonné à Rome. L'histoire rapporte qu'il eut la tête tranchée par l'empereur Néron en l'an 67 AD.

Conclusion

Le témoin est mort avec Christ d'une mort volontaire avant de mourir de mort réelle. Ainsi il ne craint pas la mort. Quand serez-vous parvenu à ce stade ?

Questions

1. Que représente Jérusalem pour le témoin ?
   Son point de départ, son milieu social.

2. Où se tient Jésus-Christ quand nous témoignons ? Il est autour de nous.

3. Quelles en furent les conséquences pour Paul ?
   Il fut giflé et battu de verges.

4. Quelle en était la réaction de Jésus-Christ ?
   a. Il laisse Paul souffrir pour son nom.
   b. De plus, il lui exige de se rendre aussi à Rome pour témoigner.

5. Quelles étaient les limitations de Paul ?
   a. Il n'avait personne pour payer sa caution.
   b. Il était comme une balle dans un fusil. Christ seul connait sa destination.

6. Comment mourut l'apôtre ?
   Il eut la tête tranchée à Rome par l'empereur Néron en l'an 67 AD.

Leçon 8
Le but du témoignage du témoin

Textes pour la préparation : Mt. 28 : 20 ; Jn.20 : 22-23 ; Ac.2 :37-38 ; 3 :19 ; 4 :31 ; 5 :41 ; Ro.1 :16 ; 2Co.5 :20 ; 1Ti. 1 :20 ; Ph.4 :6-7
Texte à lire en classe : Ac.2 : 37-40
Verset de mémoire : Pierre leur dit: Repentez-vous, et que chacun de vous soit baptisé au nom de Jésus Christ, pour le pardon de vos péchés; et vous recevrez le don du Saint Esprit. Ac.2 :38
Méthodes : Discours, comparaisons, questions
But : Montrer la nécessité de témoigner pour l'épanouissement de l'Evangile.

Introduction
Tout ambassadeur obtient de son gouvernement une autorité plénipotentiaire. Il représente son pays sur un autre territoire. L'ambassadeur de Jésus-Christ opère sur le territoire de Satan. Christ lui donne le même pouvoir qu'il a dans les cieux et sur la terre. Pourquoi ?

I. **Il doit représenter le Seigneur du royaume.**
 1. Il doit parler au nom de Christ pour aider les hommes à retrouver leur vraie identité spirituelle. Ac.2 :38
 2. Il doit prendre des décisions au nom de Christ : pardonner les péchés et livrer les rebelles à Satan. Jn.20 : 23 ; 1Ti.1 :20

3. Il doit faire des réclames pour l'Évangile. Ro.1 :16

II. Il doit amener les âmes au Seigneur du royaume
1. Par des témoignages convaincants. Ro.1 :16 ; Ac. 3 :19 ; 5 :41
2. Par son message. Ac.2 :37
3. Par des miracles et des prodiges. Ac.4 :31

III. Comment le Seigneur du royaume va-t-il intervenir ?
1. Il nous demande de le consulter à l'avance. Ph.4 :6
2. Il approuve toutes les décisions prises par son ambassadeur, pour mieux soutenir son crédit. Mt.28 :20 ; Jn.20 :22-23
3. Il fait de nous ses témoins, des agents de réconciliation. 2Co.5 :20

Conclusion
Laissez aux anges le rôle d'agents secrets de Dieu. Quant à vous, allez et témoignez en public !

Questions

1. Quel est le rôle d'un ambassadeur ?
   Représenter son pays sur un autre territoire.

2. Quel est son pouvoir ?
   Il peut tout faire au nom de son gouvernement

3. Sur quel territoire le chrétien opère-t-il ?
   Sur le territoire de Satan

4. Quel est son rôle dans ce monde ?
   a. Faire de la publicité pour le ciel.
   b. Prendre des décisions au nom de Christ.

5. Comment va-t-il conduire les âmes à Christ ?
   a. Par son témoignage
   b. Par son message
   c. Par des miracles et des prodiges

6. Comment le Seigneur va-t-il intervenir ?
   a. Il nous demande de le consulter d'avance.
   b. Il approuvera toutes nos décisions.
   c. Il fait de nous des agents de réconciliation.

7. Quelle différence y-a-t-il entre nous et les anges ?
   Les anges ont un ministère secret.
   Nous avons un ministère public.

Leçon 9
La grande nuée de témoins

Textes pour la préparation : Ge.37 : 18-20 ; 39 : 7-9 ; 46 :1-6 ; Ex.14 :1-16 ; Jug.4 :3-9 ; 1S.17 :44-47 ; Ps.34 :1 ; Da. 1 :1-7 ; 3 :14-18 ; Ro.9 :1-3 ; 2Ti.1 :8-12 ; 2 :3-10 ; He.11 : 1-40
Texte à lire en classe : He.11 :32-40
Verset de mémoire : Nous donc aussi, puisque nous sommes environnés d'une si grande nuée de témoins, rejetons tout fardeau, et le péché qui nous enveloppe si facilement, et courons avec persévérance dans la carrière qui nous est ouverte. He.12 : 1
Méthodes : Discours, comparaisons, questions
But : Préparer les chrétiens pour la Coupe mondiale de Jésus-Christ.

Introduction
Le chapitre onze de l'Epitre aux Hébreux s'ouvre sur un stadium où sont assis, dans différentes loges, une nuée de témoins. Pouvez-vous m'aider à identifier quelques-uns ?

I. **Première photo : Identifiez celui-ci dans le stade**
   1. J'ai pardonné à mes frères acharnés à vouloir m'ôter la vie. Ge.37 :18-20
   2. Maintenant que je suis en position d'autorité, j'ai rempli les formalités pour leur résidence dans un pays étranger. Ge.46 :1-6

3. J'ai refusé de trahir mon Dieu en refusant la fornication avec une femme mariée. Ge.39 :7-9

II. Deuxième photo : Identifiez ce trio de témoins
1. Le roi a changé nos noms mais jamais notre foi. Da.1 :6-7
2. Nous avons choisi de mourir plutôt que d'adorer son idole. Da.3 :14-18

III. Troisième photo : Qui est celui-ci ?
1. J'ai bravé un vétéran de guerre qui a osé insulter l'armée du Dieu vivant. 1S.17 :44-47
2. Louer Dieu était ma priorité. Ps.34 :1

IV. Quatrième photo : Que direz-vous de moi ?
1. J'ai refusé la citoyenneté d'un pays étranger pour mieux défendre mon peuple. He.11 :24-25
2. Pour toute arme je n'avais en main qu'une verge. Ex.14 :14-16

V. Cinquième photo : Me reconnaissez-vous ?
1. J'ai accepté de souffrir de tout à cause de Christ. 2Ti.2 :3-10
2. J'aurais préféré perdre le ciel, s'il le faut, pourvu que mon peuple fût sauvé. Ro.9 :3

VI. Sixième photo : Qui voyez-vous sur cette photo ?
Quand des vétérans de guerre refusent d'affronter l'ennemi, femme que je suis, j'ai tiré l'épée contre l'adversaire. Finalement, j'ai libéré mon peuple. Jug.4 :3-9

Conclusion
Tous ces témoins avaient un point commun : « Défendre la cause de Dieu jusqu'à la mort ».
2Ti.1 :8,12
Et vous comment peut-on vous identifier ?

Questions
1. Cochez ce qui qualifie le premier héros.
   a. La haine et la vengeance
   b. Le pardon et l'amour
   c. La crainte de Dieu
   d. L'indifférence à ses ennemis

2. Dites ce qui qualifie le trio de témoins
   a. Leur position dans le gouvernement
   b. Leur foi en l'Eternel Dieu
   c. Leur diplôme universitaire

3. Dites ce qui qualifie le troisième héros.
   a. La foi en Dieu
   b. L'envie de se faire remarquer
   c. La louange au Dieu vivant
   d. La prise de position pour le nom du Dieu vivant

4. Dites ce qui qualifie ce quatrième héros.
   a. Sa foi dans le destin de son peuple
   b. Son sens patriotique
   c. Sa foi en Dieu
   d. Sa foi dans la verge en main

5. A quoi me reconnaissez-vous ?
   a. Femme autoritaire sans respect pour mon mari
   b. Femme patriote, dévouée pour mon peuple
   c. Femme vaniteuse.
   d. Femme courageuse et pleine de foi.

6. A quoi me reconnaissez-vous ?
   a. Par l'endurance à souffrir pour Christ
   b. Par mon titre de citoyen romain
   c. Par mon angoisse pour le salut de mon peuple.

Leçon 10
La récompense des témoins

Textes pour la préparation : Mt. 19 : 28 ; Lu.9 :26 ; Jn.14 :3 ; 2Co.6 :2-3 ; Ep.1 :20-21 ; He.2 :11 ; 11 : 1-40 ; Ap.21 :4 ; 22 :5

Texte à lire en classe : Ap.21 :1-5

Verset de mémoire : Il essuiera toute larme de leurs yeux, et la mort ne sera plus, et il n'y aura plus ni deuil, ni cri, ni douleur, car les premières choses ont disparu. Ap.21 : 4

Méthodes : Discours, comparaisons, questions

But : Encourager les chrétiens à rester fidèles.

Introduction
Après tout championnat, le moment arrive pour les vainqueurs de recevoir leur trophée. Que doivent espérer les héros de la foi ?

I. **Jésus leur réserve une royale présentation**
   1. Dieu n'a pas honte de s'appeler leur Dieu. He.11 :16
   2. Jésus n'a pas honte de les appeler frères. He. 2 :11
   3. Il n'a pas aussi honte de les présenter devant son Père. Lu.9 :26

II. Jésus leur promet des couronnes.
1. Il essuiera toute larme de leurs yeux. Ap.21 : 4
2. Il les mettra à sa droite pour recevoir des honneurs. Jn.14 :3 ; Ep. 1 :20-21
3. Il les mettra sur des trônes pour juger les incroyants et les anges rebelles. Mt.19 :28 ; 2Co.6 : 2-3
4. Il partagera son règne avec eux aux siècles des siècles. Ap.22 :5

Conclusion
Ces promesses sont encourageantes. Jouons bien.

Questions

1. Que doivent espérer les héros de la foi ?
   a. La fin des souffrances et des pleurs
   b. La vie éternelle
   c. Les honneurs, les couronnes
   d. Le partage du règne avec Christ pour l'éternité.
   e. La position de juge pour juger les rebelles.

2. Comment seront-ils accueillis dans l'Au-delà ?
   a. Dieu n'aura pas honte de s'appeler leur Dieu
   b. Jésus n'aura pas honte de les appeler frère.
   c. Il ne sera pas gêné de les présenter devant son Père.

3. En quoi consistent nos couronnes ?
   a. Christ essuiera toute larme de nos yeux.
   b. Il nous mettra à sa droite pour recevoir des honneurs.
   c. Nous régnerons avec lui aux siècles des siècles.

3. Vrai ou faux
   a. Dans le ciel Dieu réserve une section pour les blancs, une autre section pour les autres couleurs. __V __ F
   b. On aura besoin de la foi et de l'espérance pour vivre dans le ciel. __ V __ F
   c. L'amour seul demeure. __ V __ F

Leçon 11
Elever son enfant comme un prince

Textes pour la préparation : Jg. 8 :18-19 ; Ez.34 : 31 ; Mt. 5 : 37 ; 7 : 7-12 ; Jn.12 :6 ; 1Co.14 :33 ; Ep.5 :16 ; 6 :1-3 ; Ja.5 :12 ; 1Pi.2 :9-10
Texte à lire en classe : 1Pi.2 :1-10
Verset de mémoire : Vous, au contraire, vous êtes une race élue, un sacerdoce royal, une nation sainte, un peuple acquis, afin que vous annonciez les vertus de celui qui vous a appelés des ténèbres à son admirable lumière. 1Pi.2 :9
Méthodes : Discours, comparaisons, questions
But : Encourager les chrétiens à élever leurs enfants dans la dignité.

Introduction
La fierté d'un parent ne réside pas dans la grosseur, dans la couleur ou dans la beauté physique de son enfant, mais dans sa bonne éducation. Comment élever son enfant à la manière d'un prince ?

I. **Il doit savoir prendre ses responsabilités.**
1. Pour achever ce qu'il a commencé. Les devoirs avant tout.
2. Pour compenser les dommages causés à quelqu'un dans la destruction ou la perte de son bien.
3. Pour tout mettre en ordre avant de laisser un lieu. 1Co.14 :33
4. Pour respecter son horaire, pour être ponctuel et ne rien faire à contre-temps. Ep.5 :16

II. **Il doit savoir respecter sa personnalité**
   1. Dans la manière de s'habiller. Il doit agir en homme et non en singe. « Vous êtes des hommes, dit le Seigneur, l'Éternel" Ez.34 :31
   3. Chaque communauté a ses principes, ses traditions, son éducation et ses expériences différentes d'une autre. Voilà pourquoi Dieu a donné une licence aux parents pour élever eux-mêmes leurs enfants. Ep.6 :1-3

III. **Il doit apprendre à être loyal.**
   1. En évitant de mentir, en respectant la parole d'honneur. Mt. 5 :37
   2. En respectant le bien d'autrui. Jn.12 :6
   3. En demandant aux parents au lieu de prendre les choses en cachette. Mt.7 :7
   4. En remettant l'essence utilisée dans la voiture qu'on lui a passée. Mt.7 :12
   5. En apprenant que ses parents respectent leur **oui** et leur **non**. Ja.5 :12

Conclusion
Soyez des exemples pour vos enfants pour qu'ils vous ressemblent par les bons côtés.

Questions

1. Quelle devrait être l'ambition des parents ? Elever leur enfant à la manière de prince.

2. Comment l'enfant doit-il assumer ses responsabilités ?

a. Il doit bien achever ce qu'il a commencé.
b. Il doit réparer ses dommages.
c. Il doit tout mettre en ordre avant de partir.
d. Il doit respecter l'heure

3. Comment développer la personnalité de l'enfant ?
   a. Il doit respecter les décisions de ses parents.
   b. Il ne doit pas imiter les autres
   c. Il doit s'habiller correctement.

4. Comment cultiver la loyauté chez l'enfant ?
   a. Par le respect de la parole d'honneur.
   b. Par le respect du bien d'autrui

Vrai ou faux
1. Il faut donner à l'enfant tout ce qu'il veut.
   __V__F
2. Il nous faut nous conformer à cent pour cent à la mode de ce siècle. __ V __ F
3. Il faut toujours dire la vérité à l'enfant. __V __ F
4. Il faut dire toujours non à l'enfant pour qu'il vous respecte. __V __F
5. Le parent a toujours raison. __V __ F
6. S'il offense l'enfant il doit lui faire des excuses.
   __ V __F

Leçon 12
Elever votre enfant à la manière d'un prince

Textes pour la préparation : Jg. 6 :12-15 ; 8 :18-19 ; 1Pi.2 : 1-10
Texte à lire en classe : 1Pi.2 :1-10
Verset de mémoire : Vous, au contraire, vous êtes une race élue, un sacerdoce royal, une nation sainte, un peuple acquis, afin que vous annonciez les vertus de celui qui vous a appelés des ténèbres à son admirable lumière. 1Pi.2 :9
Méthodes : Discours, comparaisons, questions
But : Encourager les chrétiens à élever leurs enfants dans la dignité.

Introduction
O père, quel est votre rêve pour votre enfant ? En voici un en quatre façades :

I. Cultiver chez l'enfant le sens du beau.
1. Guidez le dans le choix de tout ce qui est beau.
2. Qu'il ait le gout d'apprécier. Félicitez sa mère en sa présence. Pr. 31 :28
3. Félicitez-le pour ses succès. Jg. 6 : 12

II. Cultiver chez l'enfant le sens de l'excellence.
1. Il doit éviter la médiocrité. On le récompense pour son succès à l'examen mais pas pour le travail à la maison. C'est son devoir.
2. Faire mieux doit être sa devise.

III. Cultiver chez l'enfant le sens de la grandeur

Les frères de Gédéon appartenaient à la plus petite tribu en Israël. Jg.6 :15
Mais leur père les élevait comme des princes. Même ses ennemis le reconnaissent. Jg. 8 :18
Jésus nous donne des noms extraordinaires. Il met la planète sous nos pieds.
Mt. 28 :17-19 ; 2Co.5 : 20

IV. Cultiver chez l'enfant le sens de la bravoure.

1. Faites-lui lire l'histoire de David et de Goliath. 1S. 17 : 47
Après avoir tué le géant, il ne participe pas au pillage. 1Sam.17 :53
2. Mettez sous ses yeux l'histoire de Débora : une femme, juge, prophétesse et guerrière à la tête de l'armée d'Israël. Elle délivra son peuple des mains des philistins. Jg. 4 : 1-9

Conclusion

Quand votre enfant sera une vedette, une star, on oubliera son origine et sa couleur. On l'élèvera aux yeux de toutes les nations et sous tous les cieux. Qu'il soit prince et roi !

Questions

1. Quelle est la manière de mieux élever son enfant ?
   Comme un prince

2. Pourquoi est-il bon de cultiver en lui le sens du beau ?
   a. Pour qu'il ait la capacité d'apprécier
   b. Pour qu'il tende vers le succès.

3. Pourquoi doit-il tendre vers l'excellence ?
   a. Pour qu'il évite la médiocrité.
   b. On le récompense pour ses efforts mais pas pour son devoir.

4. Doit-on être riche pour avoir l'âme d'un prince ? Non

5. Donnez un exemple :
   Les frères de Gédéon appartenaient à la plus petite tribu en Manassé. Même leurs ennemis voient en eux les traits de prince.

6. Vrai ou faux
   a. David renversa Goliath avec le nom du Dieu vivant. __V__ F
   b. Après sa victoire, il ne se baisse pas pour participer au pillage. __ V __F
   c. Débora risquait sa vie pour délivrer Israël. __V __ F

Récapitulation des versets

Leçon 1
Pierre et Jean leur répondirent : Jugez s'il est juste, devant Dieu, de vous obéir plutôt qu'à Dieu; car nous ne pouvons pas ne pas parler de ce que nous avons vu et entendu. Ac.4 :19-20

Leçon 2
Ce que nous avons vu et entendu, nous vous l'annonçons, à vous aussi, afin que vous aussi vous soyez en communion avec nous. 1Jn.1 :3a

Leçon 3
Mais le Seigneur lui dit: Va, car cet homme est un instrument que j'ai choisi, pour porter mon nom devant les nations, devant les rois, et devant les fils d'Israël. Ac.9 :15

Leçon 4
Ils lui répondirent : Tu es né tout entier dans le péché, et tu nous enseignes ! Et ils le chassèrent. Jn.9 :34

Leçon 5
Venez voir un homme qui m'a dit tout ce que j'ai fait; ne serait-ce point le Christ ? Jn.4 :29

Leçon 6
C'est ce Jésus que Dieu a ressuscité ; nous en sommes tous témoins. Ac.2 :32

Leçon 7
J'ai été crucifié avec Christ ; et si je vis, ce n'est plus moi qui vis, c'est Christ qui vit en moi. Ga.2 :20a

Leçon 8
Pierre leur dit: Repentez-vous, et que chacun de vous soit baptisé au nom de Jésus Christ, pour le pardon de vos péchés; et vous recevrez le don du Saint Esprit. Ac.2 :38

Leçon 9
Nous donc aussi, puisque nous sommes environnés d'une si grande nuée de témoins, rejetons tout fardeau, et le péché qui nous enveloppe si facilement, et courons avec persévérance dans la carrière qui nous est ouverte. He.12 : 1

Leçon 10
Il essuiera toute larme de leurs yeux, et la mort ne sera plus, et il n'y aura plus ni deuil, ni cri, ni douleur, car les premières choses ont disparu. Ap.21 : 4

Leçon 11
Vous, au contraire, vous êtes une race élue, un sacerdoce royal, une nation sainte, un peuple acquis, afin que vous annonciez les vertus de celui qui vous a appelés des ténèbres à son admirable lumière. 1Pi.2 :9

Leçon 12
Vous, au contraire, vous êtes une race élue, un sacerdoce royal, une nation sainte, un peuple acquis, afin que vous annonciez les vertus de celui qui vous a appelés des ténèbres à son admirable lumière. 1Pi.2 :9

Torche Foudroyante 16-Série 3

Les Bénédictions De Dieu Au Mode Conditionnel

Avant-propos

Pour la première fois, dans les annales de l'histoire, on a assisté à pareille cérémonie de dédicace.

« Le feu descendit du ciel pour consumer les holocaustes et les sacrifices, et la gloire de l'Eternel remplit la maison ».

Ce n'était pas tout : L'Eternel répondit point par point à la prière éloquente du roi Salomon. C'est ce dialogue entre le ciel et la terre qui nous vaut la série « Les bénédictions de l'Eternel au mode conditionnel ».

Mettons-nous aujourd'hui à genoux dans la même position du roi humble et soyons à l'écoute de la réponse du Dieu grand et redoutable.

L'auteur

Leçon 1
Salomon en marche vers les bénédictions de Dieu.

Textes pour la préparation : 1R. 3 :7-13 ; 6 :20-38 ; Ecc.4 : 17 ; 5 :1-2
Texte à lire en classe : 1R.3 :4-15
Verset de mémoire : Accorde donc à ton serviteur un cœur intelligent pour juger ton peuple, pour discerner le bien du mal ! Car qui pourrait juger ton peuple, ce peuple si nombreux ? 1R.3 :9
Méthodes : Discours, comparaisons, questions
But : Souligner l'humilité de Salomon comme la première étape vers les bénédictions de Dieu.

Introduction
Mes bien-aimés, si par imprudence vous croyez que le Dieu invisible est absent, consultez Salomon.

I. D'ailleurs, comment débuta-t-il sa royauté ?
1. Tout jeune, Il hérita de la fabuleuse succession de David, son père. 1Roi.3 :7
2. Malgré tout, Dieu vint lui offrir de l'augmenter. Mais il préfère lui demander deux biens inaliénables : la sagesse et l'intelligence. 1R.3 : 9
3. Outre la sagesse et l'intelligence, le Dieu généreux lui accorda plus de richesses et une longue vie. 1R.3 :11-13

II. **Quel était son premier acte de gouvernement ?**
 1. Puisque Dieu est roi, son premier geste était de lui construire un temple royal, couvert d'or pur. 1Roi. 6 : 20-21, 30 .
 2. Les pierres pour la construction devaient être taillées dans la carrière et apportées au chantier. Aucun bruit ne se fit entendre durant les sept ans que dura la construction. 1R. 6 : 7, 38
 Comment les ingénieurs, les contremaitres et les travailleurs vont-ils se communiquer? Certainement par des signes. Vous comprenez pourquoi les francs-maçons qui font remonter leur institution à la construction du Temple de Salomon, et adoptent des signes qu'ils appellent signes maçonniques.
 3. Salomon observera le même principe de discrétion quand il s'agit de venir adorer dans le temple. Eccl. 4 : 17 ; 5 :1-2.

Conclusion
Le roi Salomon considère les choses les meilleures pour le Dieu qu'il adore. Comment ses dons seront-ils accueillis?

Questions

1. Quel était le premier pas de Salomon pour obtenir les bénédictions de Dieu ? L'humilité

2. Quelle était sa demande à Dieu ?
   La sagesse et l'intelligence

3. Qu'est-ce-que Dieu lui donne en plus ?
   La richesse et une longue vie.

4. Quel était son plus grand acte de gouvernement ?
   Il bâtit le Temple de l'Eternel.

5. Combien de temps dura la construction ?
   Sept ans

6. Qu'est-ce-qui était étonnant durant toute la construction ?
   On ne doit y entendre aucun bruit de matériaux.

7. Comment était faite la communication ?
   Par des signes.

Leçon 2
La réponse de l'Eternel au geste du roi.

Textes pour la préparation : Ge.26 :15 ; Ex.21 :1 ; 1S. 15 :22 ; 16 :7 ; 1R.6 :1-13 ; 2Ch.1 :10-12 ; 6 :41-42 ; Ecc.4 :17 ; 2Co.9 :7
Texte à lire en classe : 1R.6 :9-13
Verset de mémoire : J'habiterai au milieu des enfants d'Israël, et je n'abandonnerai point mon peuple d'Israël. 1R.6 :13
Méthodes : Discours, comparaisons, questions
But : Montrer comment Dieu veut honorer nos bonnes actions.

Introduction
Quand nous présentons nos offrandes à Dieu, il pèse d'abord nos intentions avant de délivrer ses bénédictions. Comment va-t-il réagir à l'offrande de Salomon?

I. Il en était content. Pourquoi ? 1R. 6 : 11.
  1. Depuis la sortie d'Egypte, il y a de cela 480 ans, l'arche, symbole de la présence de Dieu parmi le peuple, n'avait pas d'abri. Et voilà Salomon qui va lui bâtir une maison ! 1Roi.6 : 1
  2. L'Eternel s'exclama de joie ! 1Roi.6 :11
II. Comment répond-il à la générosité du roi ?
  Il lui fit trois grandes promesses :
  1. Il rendra permanent le règne de David. 1R.6 :12-13

2. Il demeurera au milieu des enfants d'Israël. V. 13
3. Ses soins providentiels dureront toujours. V.13

III. Cependant, Il pose aussi trois conditions :
1. Salomon doit mettre en pratique trois principes :« La Loi de l'Eternel, Les ordonnances et les commandements.
2. La Loi de l'Eternel est La Thora ou Pentateuque : Genèse à Deutéronome)
3. Les ordonnances de l'Eternel ou Mishpatim sont les lois civiles et morales. Ex. chapitre 21 a chap. 23: 1-13
4. Les commandements de l'Eternel ou Mitsva sont les dix commandements. Ex.20 : 1-17

IV. Que nous apprend Salomon ?
1. La sagesse et l'intelligence sont les vraies richesses. 2Ch.1 :10-12
2. Le respect du temple traduit notre respect pour Dieu lui-même. Eccl.4 :17
3. Dieu aime les joyeux donateurs. 2Ch.6 :41-42 ; 2Co.9 :7
4. Il n'est pas impressionné par la beauté du temple mais il considère l'attitude du cœur des adorateurs dans le temple. 1S.15 :22 ; 16 :7

Conclusion

Respectez les conditions de Dieu ; c'est le secret pour obtenir ses bénédictions.

Questions

1. Qu'est-ce-que Dieu considère en premier dans la présentation de nos offrandes ? Nos intentions

2. Pourquoi Dieu montre-t-il sa joie pour la construction du temple ?
   a. L'arche passait 480 ans sans abri.
   b. Salomon va lui bâtir une maison.

3. Quelle était la réponse de Dieu à la générosité du roi ?
   a. Il promet de conserver le règne de David pour toujours.
   b. Il demeurera au milieu des enfants d'Israël
   c. Il prendra toujours soin de son peuple.

4. Quelles étaient ses conditions ?
   a. Salomon doit mettre en pratique les ordonnances ou loi civiles.
   b. Il doit suivre les commandements.
   c. Il doit observer la Loi ou les cinq premiers livres de la bible.

5. Que nous apprend Salomon ?
   a. La sagesse et l'intelligence sont les vraies richesses.
   b. Le respect du temple traduit notre respect pour Dieu lui-même.
   c. Dieu aime les joyeux donateurs.
   d. Dieu regarde à nos intentions avant nos dons.

Leçon 3
La légitimation d'Israël

Textes pour la préparation : Ex. 19 :5-6 ; Lev. 25 :55 ; No.6 :22-27 ; De. 7 : 6 ; 18 :9 ; 1S.17 :46 ; 2R. 17 :8 ; 2Ch.7 :14 ; Ps.2 :7 ; 23 :1 ; 86 :8 ; 144 :15 ; Es. 49 :6 ; Mt. 23 :9 ; 2Co.1 :22

Texte à lire en classe : Ex.19 :1-9

Verset de mémoire : Maintenant, si vous écoutez ma voix, et si vous gardez mon alliance, vous m'appartiendrez entre tous les peuples, car toute la terre est à moi. Ex.19 :5

Méthodes : Discours, comparaisons, questions

But : Présenter le bénéfice d'un contrat unilatéral de Dieu à Israël.

Introduction
Heureux le peuple dont l'Eternel est le Dieu. Ps.144 :15. Mais qui est ce peuple ?

I. C'est celui qu'il a légitimé.
1. Il lui donne un acte de naissance signé au nom du Père, du Fils et du Saint Esprit.
   No.6 : 22-27
2. Il y met son sceau. No.6 :27 ; 2Co.1 :22
3. Le peuple doit être conscient de la paternité de Dieu et de sa filiation divine. Mt.23 :9
   Voilà un contrat unilatéral, un contrat ou Dieu seul fait les frais.

II. C'est celui qu'il adopte :
1. A titre collectif. Il l'appelle « Mon Peuple ». 2Ch.7 :14
2. A titre individuel. Chaque juif doit se comporter comme une entité faisant partie d'un ensemble. Chacun pour sa part est redevable envers Dieu. Lev. 25 :55
3. Il le distingue des autres peuples. De.7 : 6
4. Il exerce sur lui son autorité.

III. C'est celui sur qui il fit une promesse :
1. Dieu le choisira parmi tous les peuples de la terre. Ex.19 :5-6 ; 2Ch.7 : 14
2. Il sera leur lumière pour leur offrir son salut. Es. 49 :6

IV. Et que demande-t-il à Israël ?
1. Il ne doit pas imiter les autres peuples. De.18 :9
2. Il doit respecter son identité et sa filiation divine. Il ne peut changer son DNA. Ps.144 :15
3. Les autres peuples doivent savoir qu'Israël a un Dieu et un seul. 1Sam.17 :46
4. Son Dieu est incomparable aux autres dieux. Ps.86 :8

Conclusion
Y–a-t-il rien qui soit de plus facile ? Qu'Israël loue Dieu pour sa grâce infinie !

Questions

1. Pourquoi dit-on que Dieu est le Père d'Israël ?
   a. Il lui a donné un acte de naissance signé au nom du Père, du Fils et du Saint-Esprit.
   b. Il le présente partout comme son peuple
   c. Chacun pour sa part est redevable envers Dieu.
   d. Il exerce sui lui son autorité

2. Que demande-t-il à Israël ?
   a. Qu'il n'imite pas les autres peuples.
   b. Qu'il se comporte comme fils légitime.
   c. Que tous sachent qu'Israël a un Dieu.
   d. Que son Dieu est incomparable.
   e. Qu'il loue l'Eternel pour sa grâce infinie

3. Comment appelle-t-on un contrat unilatéral ?
   C'est un contrat où le bienfaiteur seul s'engage à faire ou à donner quelque chose au profit d'une ou de plusieurs personnes qui le reçoit.

Leçon 4
Si mon peuple s'humilie

Textes pour la préparation : Ex.22 :21 ; Jo.9 :15 ; De.7 :7-8 ; 24 :17 ; 1S.16 :7 ; 2S.21 :1-9 ; Lu.16 :25 ; 18 :9-14 ; 1Pi.5 :5
Texte à lire en classe : Lu.18 :9-14
Verset de mémoire : Car quiconque s'élève sera abaissé, et celui qui s'abaisse sera élevé. Lu.18 :14b
Méthodes : Discours, comparaisons, questions
But : Justifier l'égalité de tous les hommes devant Dieu.

Introduction
C'est le propre de Dieu de choisir les choses folles du monde pour confondre les sages. Pourquoi a-t-il choisi Israël, la moindre de toutes les nations ? De. 7 : 7

I. **Israël est un peuple favorisé de Dieu. Il doit en être conscient**
1. Il n'a rien fait pour mériter les grâces divines. De. 7 :7-8
2. Il doit observer les lois de l'immigration.
   a. Il ne doit pas maltraiter les immigrants. Dieu punit Israël parce que Saul maltraitait les gabaonites. Jos.9 :15 ; 2 S. 21 : 1-6,9
   b. Il ne doit pas opprimer les étrangers. Ex.22 :21
   c. Il doit respecter leur droit. De. 24 :17.
3. Il doit savoir qu'il n'est rien aux yeux de Dieu.

La couleur, la grosseur, la race, la richesse ne peuvent impressionner Dieu. **Nous sommes tous son ouvrage.** Il regarde seulement au cœur. 1S.16 :7
Il n'avait pas d'emplacement au ciel à vendre à l'homme riche. Au contraire, Il y ouvre un compte d'épargne pour le pauvre Lazare. Lu.16 :25

Conclusion
Sachez que Dieu résiste aux orgueilleux, mais il fait grâce aux humbles. Soyez humbles. Aucun fils de Dieu n'est inférieur. Acceptez tous comme frères si voulez que Dieu vous appelle fils.

Questions

1. Qu'-est-ce-qui est particulier à Dieu dans cette leçon ? Il choisit les choses folles du monde pour confondre les sages

2. De quoi Israël doit-il être conscient ?
   a. Qu'Il n'a rien fait pour mériter les faveurs de Dieu
   b. Qu'Il n'est rien aux yeux de Dieu.

3. Quel doit être son attitude envers les immigrants ?
   Il ne doit pas les opprimer.

4. Pourquoi ? Il a été immigrant lui aussi.

5. Vrai ou faux
   a. Dieu fait des lotissements au ciel pour permettre aux riches de bâtir leurs châteaux. __ V __ F
   b. Lazare détient son compte d'Epargne à la banque de Dieu. __ V __ F
   c. Dieu a des préjugés de couleur. __ V __ F
   d. L'enfer n'a pas d'eau. __ V __ F
   e. Malgré les efforts de la technologie, l'enfer ne sera jamais climatisé. __ V __ F
   f. Dieu a choisi Israël comme nation pour lui faire la charité. __ V __ F

Leçon 5
Si mon peuple prie

Textes pour la préparation : Ex.20 :1-5 ; Ps. 23 :1-6 ; 37 :1-5 ; 118 :17-18 ; Lam.3 :22 ; Ep.3 :20 ; Ph.4 :6-19 ; Ja.1 :17
Texte à lire en classe : Ph.4 :4-9
Verset de mémoire : Ne vous inquiétez de rien; mais en toute chose faites connaître vos besoins à Dieu par des prières et des supplications, avec des actions de grâces. Ph. 4 :6
Méthodes : Discours, comparaisons, questions
But : Etaler les richesses de Dieu en faveur de ceux qui prient.

Introduction
Pour tous ceux qui veulent l'ignorer, qu'ils sachent dès aujourd'hui que la prière n'est pas une invention de la NASA. Dieu est son auteur et il prouve toujours son efficacité. Pourquoi prier?

I. Raisons du côté de Dieu
1. Dieu doit prouver que la terre est sa propriété.
2. Il doit prouver qu'il y entretient des réserves inépuisables. Point n'est besoin de s'inquiéter. Lam.3 : 22
3. Il doit prouver que les choses les meilleures viennent de lui. Ja.1 :17
4. Il doit prouver qu'il peut en disposer en maitre souverain.

II. Raisons du côté de l'homme.
1. Quand Dieu donne, l'homme reçoit.
2. Quand l'homme reçoit, il doit donner à Dieu avis de réception
   a. Par la louange, par des actions de grâces ou remerciements. Ph.4 :6
   b. Par des témoignages publics en vue de faire publicité pour Dieu. Ps.118 :17

III. Que recherche-t-il dans nos prières ?
1. Il veut soigner sa clientèle auprès de nous. Ps.37 :4
2. Il veut nous manifester son amour au point qu'il est jaloux. Ex.20 :5
3. Le commandement : « Tu n'auras pas d'autres dieux devant ma face », pourrait se traduire :
   a. « Je n'accepte aucun concurrent quand il s'agit de satisfaire vos besoins quotidiens de santé, de protection, d'avenir ». Ph.4 : 6
   b. Je peux vous donner au-delà de ce que vous demandez ou pensez. Ep.3 :20
   c. Avec moi comme berger, vous ne manquerez de rien. Ps.23 :1
   d. Je suis le Dieu-Providence. Ph.4 :19

Conclusion
Et alors, allez-vous prier ?

Questions

1. Dites d'où vient la prière
   __ De l'ONU __ De la NASA __ De Dieu

2. D'après Dieu pourquoi devons-nous prier ?
   a. Parce que la terre est la propriété de Dieu.
   b. Il doit prouver qu'il y entretient de réserves inépuisables.
   c. Il doit prouver qu'il possède les choses les meilleures.
   d. Il doit prouver qu'il peut en disposer en souverain.

3. Pourquoi l'homme doit-il prier ?
   a. Parce qu'il dépend de Dieu.
   b. Il doit louer Dieu pour ses bienfaits
   c. Il doit le témoigner en public.

4. Que recherche Dieu dans nos prières ?
   a. Il recherche notre « clientèle ».
   b. Il est jaloux et n'accepte aucun concurrent.
   c. Il peut nous donner au-delà de nos demandes et de nos pensées.

Leçon 6
Si mon peuple cherche ma face...

Textes pour la préparation : Ge.3:8; 4:16; Ex.33:20; No.6:26; De.34:10; Job.42:5; Es.45:15; 59:2 ; Ps.27:8; 89:14-15

Texte à lire en classe : Ps.27 :7-10

Verset de mémoire : Mon oreille avait entendu parler de toi; Mais maintenant mon œil t'a vu. C'est pourquoi je me condamne et je me repens sur la poussière et sur la cendre. Job.42 :5-6

Méthodes : Discours, comparaisons, questions

But : Livrer à tous le secret pour trouver Dieu.

Introduction

Chercher la face de Dieu équivaut à chercher son adresse. Ecoutez le psalmiste : « Mon cœur dit de ta part: Cherchez ma face! Je cherche ta face, ô Eternel !» Psaumes 27 :8

I. En général, que signifie « chercher»?
1. Chercher, c'est se donner de la peine pour trouver ou retrouver quelqu'un ou quelque chose dont on a besoin.
2. Dans ce contexte chercher sa face, c'est se repentir, se détourner de ses mauvaises voies et ne pas blâmer Dieu pour s'être caché. Esaïe 45 :15
3. Au contraire, ce sont nos péchés qui nous cachent sa face et l'empêchent de nous écouter. Es.59:2

II. **Quelle est la conception biblique de la face de Dieu?**
En principe, nul ne peut voir sa face et vivre. Ex. 33:20
1. Voir « La face de Dieu » c'est
   a. Obtenir sa bénédiction, sa grâce et sa paix Nb 6 :26
   b. Jouir de sa bonté et de sa fidélité. Ps 89 : 14-15

III. **Pourquoi chercher la face de Dieu?**
1. Pour faire la plus grande expérience spirituelle. Job.42 :5-6
2. Pour cesser les folles discussions sur Dieu
3. Pour se repentir enfin. Job 42:5-6
4. Pour une meilleure communion avec Dieu
   a. C'était l'expérience de Moise. De. 34:10
   b. Adam et Caïn au contraire, fuyaient sa face à cause de leur conscience coupable. Genèse 3:8; 4:16

Conclusion
Dieu invita Israël à chercher sa face. Voulez-vous vous joindre à lui pour en faire de même ?

Questions

1. Que veut dire « chercher la face de Dieu » ?
   Chercher son adresse

2. Que signifie « Chercher » ?
   C'est se donner la peine de trouver ou de retrouver ce dont on a besoin.

3. Dans notre contexte, que veut dire « chercher la face de Dieu » ? C'est se repentir et ne jeter le blâme sur personne.

4. Qu'est-ce qui nous cache sa face ? Nos péchés

5. Quelle est la conception théologique de «la face de Dieu» ?
   a. C'est obtenir ses bénédictions, ses grâces et sa paix.
   b. C'est jouir de sa bonté et de sa fidélité.

6. Pourquoi nous faut-il chercher la face de Dieu ?
   a. Pour faire avec lui une plus grande expérience spirituelle
   b. Pour cesser nos vaines discussions sur Dieu
   c. Pour nous repentir
   d. Pour une meilleure communion avec Lui.

Leçon 7
Si mon peuple se détourne de ses mauvaises voies...

Textes pour la préparation : Ge.4 :1-16 ; Es. 45 :22 ; 50 :10 ; 55 :7 ; Ez. 36 : 16-21 ; Lu.16 :29 ; He.9 :27
Texte à lire en classe : Es.55 :6-13
Verset de mémoire : C'est sur une montagne haute et élevée que tu dresses ta couche ; C'est aussi là que tu montes pour offrir des sacrifices. Es.55 :7
Méthodes : Discours, comparaisons, questions
But : Porter les pécheurs à se repentir

Introduction
Satan nous offre plusieurs chemins pour nous perdre, Jésus s'offre à nous comme le seul chemin. Mais pour le trouver, il nous faut nous détourner de nos mauvaises voies.
Voyons les exhortations de Dieu :

I. L'homme doit se repentir.
Que le méchant abandonne sa voie et l'homme d'iniquité ses pensées. Qu'il retourne à l'Eternel qui aura pitié de lui. Es.55 :7

II. Il doit suivre la voie de la conscience.
1. Plus il s'éloigne de Dieu, plus il est sourd à sa voix. Ge.4 :14
2. Il doit être ouvert au message de la Parole.

Dieu avait averti Caïn des conséquences de sa rébellion. Il a succombé à cause de son obstination. Ge.4 : 6-7

6. Pour Israël, Il doit se dépêcher. Tout délai mis à obéir équivaut à la désobéissance.
   a. Il doit avoir le courage pour faire volte-face. Es.45 :22
   b. Il doit sentir l'urgence de retourner à l'Eternel. Voilà pourquoi Dieu lui rend la vie amère pour l'obliger à le rechercher. Ez.36 :18

III. **Il doit avoir un défi**
1. Israël doit considérer l'offre de Dieu face aux souffrances qu'il endure. Es.45 :22
2. Il doit écouter la voix du prophète. Es.50 :10

Conclusion
Il était trop tard pour l'homme riche. Lu.16 : 29 Dépêchez-vous, car si vous ratez le ciel, vous ne pourrez rater l'enfer. He. 9 :27

Questions

1. Quelle est la prescription de Dieu pour le trouver ?
   a. Nous devons abandonner notre propre voie
   b. Nous devons retourner à l'Eternel.

2. Que doit-on faire pour se rapprocher de Lui ?
   a. On doit ouvert son cœur au message de la Parole de Dieu
   b. On doit obéir sans délai.
   c. On doit sentir l'urgence de retourner à l'Eternel.

3. Comment Dieu force-t-il cette urgence ?
   Il lui rend la vie difficile.

4. Qu'-est-ce-que Dieu lui recommande ?
   Il doit écouter la voix du prophète.

5. Qu'est-ce qui adviendra si on rate le ciel ?
   Dans ce cas, on ne pourra rater l'enfer.

Leçon 8
Je l'exaucerai des cieux

Textes pour la préparation: 2Ch.7:14-16; Ps. 34:8; Mt. 6 :19-21 ; 18:10 ; Ac.3 :1-8 ; Ro.8 :1 ; Ep.2 :10 ; Col.3 :1-3 ; Ja.1 :17 ; 2 Pi.1 :21 ; 2 :9
Texte à lire en classe : 2Ch.7: 14-16
Verset de mémoire : Mes yeux seront ouverts désormais, et mes oreilles seront attentives à la prière faite en ce lieu. 2Ch.7:15
Méthodes : Discours, comparaisons, questions
But : Confirmer la source de toute grâce excellente.

Introduction
Quand l'homme regarde en lui-même, il voit son néant, mais quand il lève les yeux vers le ciel, il voit la richesse infinie de Dieu, son Père. Voilà ce qu'il veut signifier à Salomon dans l'expression :
« Je l'exaucerai des cieux ». 2Ch.7 : 14

I. Comment définir les biens à venir des cieux ?
Vous allez pouvoir fonctionner d'après la volonté de Dieu et non d'après vos idées toutes faites.
Enumérons ces bénédictions :
1. Toute grâce excellente. Ja.1 :17
2. Tout don parfait. Ja.1 :17
3. Toute protection et toute victoire parfaites. Ro.8 :1
4. Toute délivrance exceptionnelle. 2Pi.2 :9
5. Toute révélation extraordinaire. 2Co.12 :-1-4

6. Tous les miracles et les prodiges. Ac.3 :1-8
7. Toute inspiration divine. 2Pi.1 :21
   a. Dieu détachera des anges en mission spéciale pour vous servir. Ps. 34 :8
   b. Ils feront à Dieu un rapport régulier de tout ce qui vous regarde. Mt.18 :10

II. Pourquoi le Seigneur agit-il ainsi ?

1. C'est parce que vous êtes des princes avec Dieu et non des citoyens de cette planète qui se font souci pour les choses matérielles. Mt.6 : 19-21
2. Vos biens sont en haut où Christ est assis à la droite du Père. Co.3 :1-3
3. Quand il viendra vous chercher, aucun bien d'en bas ne pourra faire partie de votre trousseau de voyage.

Conclusion

Dès aujourd'hui, ouvrez un compte d'épargne à la Banque de Dieu. Déposez-y votre vie et augmentez-le chaque jour par les œuvres que Dieu a préparées d'avances afin que vous les pratiquiez. Ep. 2 :10

Questions

1. Que veut dire l'Eternel à Salomon dans l'expression : « je l'exaucerai des cieux. » ?
Il va fonctionner d'après la volonté de Dieu et non d'après ses idées toutes faites.

2. Citez les bénédictions qu'il pourra recevoir ?
   a. Toute grâce excellente
   b. Tout don parfait
   c. Toute protection et victoire parfaites
   d. Toute délivrance exceptionnelle
   e. Toute révélation extraordinaire
   f. Tous les miracles et les prodiges
   g. Toute inspiration divine.

3. Pourquoi d'après vous Dieu agit-il ainsi ?
   a. C'est parce qu'il est roi et vous des princes
   b. Vous êtes citoyen d'un autre monde.
   c. Vos biens sont là-haut avec Christ.
   d. Rien sur la terre ne doit vous aveugler.

4. Quelle est la meilleure banque pour le chrétien ?
La banque de Dieu.

5. Quel dépôt pouvons-nous y faire ?
Le dépôt de notre vie.

6. Comment alimenter ce dépôt ?
En y mettant les œuvres que Dieu a préparées d'avance afin que nous les pratiquions.

Leçon 9
Je lui pardonnerai son péché

Textes pour la préparation : Ex.20 :3 ; 1R.11 :4-8 ; 2R.16 :13-14 ; Pr.29 :1 ; Es. 44 : 22 ; 45 :22 ; 55 :7 ; 57 : 15-16 ; Je. 10 :2-5 ; Ap.22 :15
Texte à lire en classe : Es.55 : 6-13
Verset de mémoire : Que le méchant abandonne sa voie, Et l'homme d'iniquité ses pensées ; Qu'il retourne à l'Éternel, qui aura pitié de lui, A notre Dieu, qui ne se lasse pas de pardonner. Es.55 :7
Méthodes : Discours, comparaisons, questions
But : Exalter la compassion de Dieu envers tout pécheur.

Introduction
«Je lui pardonnerai son péché» Quelle négociation d'un père offensé envers un fils coupable! Quel amour sans pareil d'un Dieu fidèle à ses promesses ! Que devrait y comprendre Israël?

I. Il devrait réaliser comment Dieu l'aime.
1. Israël doit connaitre le point sensible de l'Eternel. Es. 57 :15
2. Il n'est pas un bourreau insensible ni un tyran cruel. Es.57 :16
3. Il n'est pas un grand père tolérant.
4. Il est un père. Il ne se lasse pas de pardonner. Es. 44 :22 ; 45 :22 ; 55 :7

II. Israël devrait avoir la foi pour croire au pardon de Dieu.
1. Dieu hait les cyniques. Ceux-ci prennent plaisir à pécher sous prétexte que Dieu va les pardonner ensuite.
2. Ils seront brisés et sans remède.
   Pr.29 :1 ; Ap.22 :15

III. Il pardonnera son péché.
Définition de ce péché :
1. Ce péché c'est l'insulte qu'ils infligent à Dieu par l'adoration des dieux fabriqués.
   1R.11 :4-8 ; Jer.10 :2-5
2. C'est la profanation du temple de Dieu en y plaçant leurs propres idoles. 2R.16 :13-14
   a. Ils méprisent l'intervention de Dieu pour leur délivrance de l'esclavage en Egypte. Ex.20 :3
   b. Voilà leur abomination que Dieu veut quand même pardonner. Es.55 :7

Conclusion
Et maintenant, qui va refuser la générosité d'un Père tendre et secourable ? Revenez ! Je suis votre Père ! Je vous aime !

Questions

1. Comment Israël devrait-il interpréter l'amour de Dieu ?
   Que Dieu n'est ni un bourreau, ni un grand-père mais son Père.

2. Jusqu'à quel point Dieu pardonne-t-il ?
   Il ne se lasse jamais de pardonner.

3. Dans ce cas, que faut-il à Israël ?
   La foi dans le pardon de Dieu.

4. Qu'arrivera-t-il s'il n'accepte pas le pardon de Dieu ? Dieu le rejettera.

5. Au fait, quel était le péché d'Israël ?
   a. L'idolâtrie
   b. La profanation du temple de l'Eternel

6. Trouvez la bonne réponse.
   a. Dieu sait que je ne peux pas résister à ma faiblesse.
   b. Dieu a pardonné à David, il doit aussi me pardonner.
   c. Je ne suis pas Jésus-Christ.
   d. Puisque je vous pardonne, vous devez pardonner aux autres.

Leçon 10
Je guérirai son pays

Textes pour la préparation : 1R.12 :16 -33; 15 : 15-19 ; 2Chr. 28 :16-25; 2R.17 :7-12
Texte à lire en classe : 2Ch.7 :11-14
Verset de mémoire : Si mon peuple sur qui est invoqué mon nom s'humilie, prie, et cherche ma face, et s'il se détourne de ses mauvaises voies, -je l'exaucerai des cieux, je lui pardonnerai son péché, et je guérirai son pays. 2Ch.7 :14
Méthodes : Discours, comparaisons, questions
But : Mettre en lumière l'état moral du peuple d'Israël après le schisme.

Introduction
La condition socio-politique et morale d'Israël va se détériorer à la mort de Salomon. Le royaume sera divisé entre son fils Roboam et un opposant Jéroboam. 1R.12 :16 Quel en fut le résultat ?

I. **Un schisme fatal pour Israël**
  1. Roboam gouverna les tribus de Benjamin et de Juda. 1Roi.12 :19-20
  2. Jéroboam gouverna les dix autres tribus. Pour empêcher le peuple d'aller adorer Dieu à Jérusalem, il fondit deux idoles, les plaça l'une à Dan, l'autre à Bethel et les vanta au peuple comme leur Dieu. 1Roi.12 : 30

II. Le pays est malade.
1. L'administration n'a pas de gouvernail. Les décisions sont émotionnelles parce qu'elles ne sont pas validées par Dieu. 1R.12 : 31-33
   a. Les dirigeants font alliances avec d'autres nations sans la volonté de Dieu. 1R.15 :15-19 ; 2Chr.28 :16-25
   b. Satan gagne du terrain. Il pollue la nation avec la superstition, la prostitution, la violence, la corruption, le vol, les crimes sans nom. 2R.17 :7-12
   c. Il n'y a point de paix, partant point de progrès. Le pays est donc très malade.

Conclusion

Il n'y a pas de situation désespérée pour ceux qui regardent au Seigneur. Il n'est pas trop tard. Venez à lui. Venez maintenant. Il y a de l'espoir.

Questions

1. Qu'arriva-t-il à la mort du roi Salomon ?
   Le schisme dans son empire.

2. Qu'est-ce-qu'un schisme ? Une division

3. Entre qui eut lieu ce schisme ?
   Ente Roboam fils de Salomon et Jéroboam, un ennemi juré de Salomon.

4. Qui suivait Roboam ?
   Les tribus de Juda et de Benjamin

5. Qui suivait Jéroboam ?
   Les dix autres tribus d'Israël

6. Quelles en furent les conséquences ?
   a. Il y eut guerre entre Roboam et Jéroboam
   b. Jéroboam inventa d'autres dieux pour induire le peuple à l'idolâtrie.
   c. Israël fit alliance avec d'autres nations païennes.
   d. Le peuple se livra à la prostitution, à la corruption à l'idolâtrie, à toutes sortes d'immoralité.

Leçon 11
Mes yeux seront ouverts désormais

Textes pour la préparation : 2Ch. 7:15; 16:9; Ps.33;13-19; Da.6:10; Mt.5:45; Lu.6:35; Jn.14:6 ; 1Ti.2 :8
Texte à lire en classe : Ps.33 :13-19
Verset de mémoire : L'Éternel regarde du haut des cieux, Il voit tous les fils de l'homme ; Du lieu de sa demeure il observe Tous les habitants de la terre. Ps.33 :13
Méthodes : Discours, comparaisons, questions
But : Montrer la bonté éternelle de Dieu envers les siens

Introduction
Si je dois vous donner un conseil, c'est d'éviter de vous mettre dans une position telle que Dieu vous ignore. Voulez-vous en savoir la raison ?

I. **Dieu est omniprésent.**
Du haut de sa tour de contrôle, il voit tout homme et toutes choses sur la planète terre. Ps.33 : 13
1. C'est le Dieu-Providence sensible à nos besoins, que vous soyez chrétiens ou païens.
   a. Vous n'avez pas besoin de prier pour que le Dieu-Providence vous donne les choses de la terre : l'air, l'eau, la pluie, l'intelligence, le sommeil et l'appétit. Mt.5 :45 ; Lu.6 :35

b. Mais pour aller au ciel, il n'a qu'une seule prescription : Jésus-Christ comme Seigneur et Sauveur. Nul ne vient au Père que par lui. Jn.14 :6
2. Il promène ses regards sur toute la terre pour soutenir ses enfants. 2Ch.16 :9
3. Mais il a les yeux sur tous ceux qui le respectent :
   a. Pour les nourrir en temps de disette. Ps.33 :18
   b. Pour les préserver du mal. Ps.33 : 18

II. **Mes oreilles seront attentives à leurs prières.**
1. Dieu rétablira les lignes de communication de Dieu avec l'homme. 2Ch.7 :15
2. Cependant Israël doit chercher la direction de Jérusalem, c'est-à-dire qu'il doit se rendre conscient de la présence de Dieu. Autrement, « il ne trouvera pas de signal ». Da.6 : 10

Conclusion
A nous Israël de Dieu par la foi, nous sommes sujets à la même condition, à la seule différence que nous pouvons prier Dieu en tout lieu au nom de Jésus. 1Ti.2 :8
Allons-nous négliger un si grand privilège ?

Questions

1. Quel est le sage conseil à tous ?
   C'est celui d'éviter de vous mettre dans une position telle que Dieu vous ignore.

2. Pourquoi ?
   a. Parce que du haut des cieux, il voit tout homme et toutes choses.
   b. Parce qu'il est attentif aux besoins de tout homme.
   c. Parce qu'il est vigilant pour protéger ceux qui lui obéissent.

3. Qu'arrive-t-il quand les hommes se repentent ?
   Il rétablit en leur faveur le contact entre le ciel et la terre.

4. Que devrait faire Israël pour le trouver ?
   Chercher la direction de Jérusalem.

5. Que doivent faire les chrétiens pour le trouver ?
   Prier le Père céleste, en tout lieu, au nom de Jésus.

Leçon 12
Comment finit cette histoire ?

Textes pour la préparation : 1R.2 :1-46 ; 4 :7-34 ; 10 :1-29 ; 11 :1-33
Texte à lire en classe : 1R.11 :1-8
Verset de mémoire : Et Salomon fit ce qui est mal aux yeux de l'Éternel, et il ne suivit point pleinement l'Éternel, comme David, son père. 1R.11 :6
Méthodes : Discours, comparaisons, questions
But : Montrer qu'en toutes choses il faut considérer la fin.

Introduction
Vous qui avez écouté le discours responsif de l'Eternel à Salomon, qu'allez-vous espérer du fils de David ? Voyons ses agissements après son ascension au trône d'Israël.

I. **Au début, son règne brilla d'un vif éclat :**
 1. Il respecta le testament politique de son père en se débarrassant des ennemis du régime.
    a. Salomon fit exécuter Joab, le commandant en chef de l'armée de David. Benaja lui succéda à ce poste. 1R.2 :34-35
    b. Il fit mettre à mort Schimeï, un ennemi de David, pour violation de la résidence surveillée. 1R.2 :36-46

2. Il prit aussi des décisions personnelles :
   a. Il fit tuer Adonija son frère ainé qui était une menace à la sureté du royaume. 1R.2 :13-25
   b. Le sacrificateur Abiathar fut déposé pour avoir pris le parti d'Adonija. 1R.1 :7-8 ; 2 :26-27
3. Il bâtit un temple recouvert d'or pur pour L'Eternel. 1R.6 :11,22
4. Il devint grand compositeur, grand moraliste, et grand naturaliste en Israël. 1R. 4 : 29-34
5. Il était l'homme le plus riche et le plus puissant sur la planète en ce temps-là. 1R.4 :21-28 ; 10 :1-29

II. Il abandonna Dieu pour servir les idoles
Il avait 1000 femmes.
1. Ses femmes inclinèrent son cœur vers d'autres dieux. 1R. 11 : 1-5
2. Il bâtit un haut lieu pour Kemosh, le dieu des moabites ; un autre pour Moloc, le dieu des ammonites. 1R.4 : 7

III. Et quel en fut le résultat?
1. Dieu lui conserva la couronne durant sa vie à cause de sa promesse à David. 1R.11 :9-13
2. Il lui suscita des ennemis dont le plus marquant était Jéroboam, un de ses anciens sujets. 1R. 11 : 29-33

Conclusion

Dieu est fidèle à sa promesse. Allons-nous garder les nôtres ? Jouons bien.

Questions

1. Que fit Salomon au début de son règne ?
   Il agissait en exécuteur testamentaire de la volonté de son père.
2. Expliquez.
   a. Il fit tuer Joab le chef de l'armée de David.
   b. Il fit tuer Schimeï, un ennemi juré de son père.
   c. Il bâtit le temple de l'Eternel.

3. Quelle était sa condition de vie ?
   a. Il était l'homme le plus riche et le plus puissant en son temps.
   b. Il était grand compositeur, grand moraliste et grand naturaliste.
4. D'où lui vient sa chute ?
   Il s'était marié à des femmes étrangères qui inclinèrent son cœur vers d'autres dieux.

5. Quelle était sa sentence ?
   a. Dieu lui suscita des ennemis.
   b. Son royaume fut divisé.

6. Quand cela arriva-t-il et pourquoi ?
   Seulement après sa mort par égard de l'Eternel pour David son serviteur.

Récapitulation des versets

Leçon 1   1R.3 :9
Accorde donc à ton serviteur un cœur intelligent pour juger ton peuple, pour discerner le bien du mal ! Car qui pourrait juger ton peuple, ce peuple si nombreux ?

Leçon 2   1R.6 :13
J'habiterai au milieu des enfants d'Israël, et je n'abandonnerai point mon peuple d'Israël.

Leçon 3   Ex.19 :5
Maintenant, si vous écoutez ma voix, et si vous gardez mon alliance, vous m'appartiendrez entre tous les peuples, car toute la terre est à moi.

Leçon 4   Lu.18 :14b
Car quiconque s'élève sera abaissé, et celui qui s'abaisse sera élevé.

Leçon 5   Ph. 4 :6
Ne vous inquiétez de rien ; mais en toute chose faites connaître vos besoins à Dieu par des prières et des supplications, avec des actions de grâces.

Leçon 6   Ps.33 :18
Voici, l'œil de l'Éternel est sur ceux qui le craignent, Sur ceux qui espèrent en sa bonté.

Leçon 7
Es.55 :7
C'est sur une montagne haute et élevée que tu dresses ta couche ; C'est aussi là que tu montes pour offrir des sacrifices.

Leçon 8
Mes yeux seront ouverts désormais, et mes oreilles seront attentives à la prière faite en ce lieu. 2Ch.7:15

Leçon 9
Que le méchant abandonne sa voie, Et l'homme d'iniquité ses pensées ; Qu'il retourne à l'Éternel, qui aura pitié de lui, A notre Dieu, qui ne se lasse pas de pardonner. Es.55 :7

Leçon 10
Si mon peuple sur qui est invoqué mon nom s'humilie, prie, et cherche ma face, et s'il se détourne de ses mauvaises voies, -je l'exaucerai des cieux, je lui pardonnerai son péché, et je guérirai son pays. 2Ch.7 :14

Leçon 11
L'Éternel regarde du haut des cieux, Il voit tous les fils de l'homme ; Du lieu de sa demeure il observe Tous les habitants de la terre. Ps.33 :13

Leçon 12
Et Salomon fit ce qui est mal aux yeux de l'Éternel, et il ne suivit point pleinement l'Éternel, comme David, son père. 1R.11 :6

Torche Foudroyante 16- Série 4

L'Eternel, Le Guerrier Invincible

Leçon 1
Dieu occupe la ligne de front dans nos combats.

Textes pour la préparation : Ge.49 :1-12 ; No.2 :3-9 ; Jg.1 :1-2 ; Es.2 :1-3 ; Mich.5 :1 ; Mt.5 : 35 ; Ap.5 :5
Texte à lire en classe : Ge.49 :8-12
Verset de mémoire : Le sceptre ne s'éloignera point de Juda, Ni le bâton souverain d'entre ses pieds, Jusqu'à ce que vienne le Schilo, Et que les peuples lui obéissent.Ge.49 :10
Méthodes : Discours, comparaisons, questions
But : Exalter Jésus-Christ, notre champion

Introduction
Quand on est prédestiné au succès, on monte sur la scène en vainqueur. Je veux parler de Juda, un fils du patriarche Jacob. D'où lui viennent ses succès?

I. Il est béni par son père.
1. Avant sa mort, Jacob conféra à Juda l'autorité royale sur ses frères. Ge.49 : 8
2. En effet, les rois de Juda étaient les seuls reconnus par l'Eternel.
3. Jésus sortira de cette tribu et sera appelé le Schilo ou Messie. Ge.49 : 9-10 ; Mich.5 :1
Il est issu de David, roi de Juda. 2S.2 :11 ; 1R.2 :11
   a. L'apôtre Jean le surnomme « Le Lion de Juda ». Ap.5 :5

Lui seul a l'autorité pour ouvrir le Livre scellé de sept sceaux. Ap.5 :5

II. La position de Juda dans les combats d'Israël
1. Il devait en garder la ligne de front.
2. Il ouvrira la marche dans les combats. No.2 :3,9
3. Il était sélectionné par l'Eternel pour débuter la première bataille à la conquête de Canaan. Jg. 1 : 1-2
    a. La ville de Jérusalem, appelée la ville de Dieu est située dans le territoire de Juda. Mt.5 :35
    b. Bethleem où devait naitre le Christ, tombent dans le territoire de Juda. Es.2 :1-3 ; Mich. 1 :5
    c. Jésus est de sang royal. Il est de la lignée du roi David. Il est Dieu, souverain dans les cieux et sur la terre. Il est le premier et le dernier. Lu.1 :32
    d. La bible raconte toute son histoire. Nul n'a le droit de rien y ajouter ou retrancher. Ap.22 :18-19

Conclusion
Ayez Jésus sur la ligne de front dans vos décisions, et vous serez plus que vainqueur.

Questions

1. Qui est le Schilo ?
   Le Messie, Jésus, Le Lion de Juda

2. Qui a conféré à Juda l'autorité royale sur ses frères ? Son père Jacob

3. Qui seul a droit d'ouvrir les sept sceaux de l'Apocalypse ? Jésus, Le Lion de Juda

4. Pourquoi ? Parce que ce livre parle de son histoire.

5. Quel est la position de Juda dans les combats ? La ligne de front.

6. Quelle ville appelle-t-on la ville de Dieu ? Jérusalem

7. Où est–elle bâtie ? Dans le territoire de Juda.

8. Pourquoi disons-nous que Jésus est de la lignée royale ?
   a. Il descend du roi David sur la terre.
   b. Il vient de l'Eternel Dieu son Père dans les cieux.

Leçon 2
L'Eternel Dieu organise nos combats.

Textes pour la préparation : Ex.14 : 1-31 ; 15 :1-20
Texte à lire en classe : Ex.14 :19-28
Verset de mémoire : L'ange de Dieu, qui allait devant le camp d'Israël, partit et alla derrière eux ; et la colonne de nuée qui les précédait, partit et se tint derrière eux. Ex.14 :19
Méthodes : Discours, comparaisons, questions
But : Développer le film de la Traversée de la Mer Rouge

Introduction
Lorsque la foi nous délaisse, la panique nous oppresse. Dieu seul peut rétablir la balance. Nous vous donnons rendez-vous au bord de la Mer Rouge.

I. Disposition de deux camps.
1. D'un côté, Pharaon ne manifeste aucun geste de pitié. Il fonce avec toute son armée sur ses anciens esclaves pour les ramener aux travaux forcés. Ex.14 :6-9
2. D'un autre côté, le peuple criait à Moise. Il n'y avait pas d'issue possible. Il choisit de se rendre au lieu de se noyer.Ex.14 : 11-12
3. Moise leur leader, rejette ces deux options. Il invoqua l'Eternel. Ex.14 :15

II. Intervention divine
1. L'Ange de l'Eternel forma les rangs avec les plus vaillants sur la ligne de front. Ex.14 : 19
2. Il alla par derrière pour rassurer les plus faibles. Ex.14 :19
3. Il projeta un phare sur la route des braves et déploya un rideau opaque entre les Egyptiens et les enfants d'Israël. Pas de colloque possible ! Ex.14 :19

III. Fin de l'épisode
1. Quand Israël acheva de traverser la Mer Rouge à pied sec, Dieu, l'arbitre principal, a sifflé la fin du match. Ex.14 :26-28
2. Pharaon et toute son armée furent engloutis dans les eaux de délivrance d'Israël. V.28
3. L'Egypte pleura ses morts tandis que les hébreux entonnèrent l'hymne national de leur indépendance sous la direction de Marie, la sœur de Moise. Ex.14 : 30-31 ; 15 :1-5

Conclusion
L'Eternel combattra pour vous et vous, gardez le sang-froid. Ex.14 : 14

Questions

1. Qu'est-ce-qui a aveuglé pharaon ?
   Le retour des hébreux dans l'esclavage

2. Pourquoi les hébreux étaient-ils paniqués ?
   Ils avaient préféré se rendre à pharaon au lieu de se noyer.

3. Entre la reddition et la noyade, laquelle des deux avait choisi Moise?
   Aucune. Il invoqua plutôt l'Eternel.

4. Comment Dieu a-t-il intervenu?
   a. Il arrangea les vaillants hommes sur la ligne de front.
   b. Il mit d'un côté une nuée lumineuse pour éclairer son peuple et d'un autre côté une bande opaque pour confondre l'armée de pharaon.

5. Qu'arriva-t-il après la traversée d'Israël ?
   Pharaon et son armée s'engagèrent dans la Mer Rouge. Ils périrent noyés.

6. Quel fut le contraste après la traversée ?
   a. Les Egyptiens pleurèrent leurs morts.
   b. Israël chante l'hymne de son indépendance.

Leçon 3
Il répond aux attaques soudaines.

Textes pour la préparation : Ex. 17 : 8-16; Pr.3 :26 ; 1Pi.5 :8-9
Texte à lire en classe : Ex.17 :8-16
Verset de mémoire : Car l'Éternel sera ton assurance, Et il préservera ton pied de toute embûche. Pr.3 :26
Méthodes : Discours, comparaisons, questions
But : Glorifier Dieu pour sa vigilance

Introduction
Un ennemi peut-il attaquer un enfant de Dieu par surprise ? Si oui, je dois le regretter pour Amalek car c'est de lui que je vais vous entretenir.

I. Pourquoi cette attaque aux Israelites ?
1. Dieu vient à peine de délivrer les fils de Jacob de 430 ans d'esclavage en Egypte.
2. Le premier peuple qui vint les affronter était les Amalécites. Amalek est un descendant d'Esaü, par conséquent neveu de Jacob. Esaü et Jacob deux frères ennemis depuis plus de 430 ans. Amalek vint assouvir une vengeance.

II. Comment Israël s'était-il défendu?
1. Ils avaient confiance dans le Dieu de l'Exode et de la Mer Rouge. Ex.12 :40 ; 17 :8
2. Quant à Moise, il commanda à Josué de se ranger en bataille contre Amalek. Ex.17 :9

3. Il se tint sur la colline de Rephidim, brandit la verge de Dieu soutenue par Ben-Hur et Aaron. Ex.17 :8-9
4. La bataille leur était favorable ou défavorable suivant que la verge était levée ou baissée. Ex.17 :11

III. **Quel en était l'issue ?**
1. Josué vainquit Amalek. Ex.17 :13
2. L'Eternel déclara la guerre contre Amalek de génération en génération. Ex.17 :15

IV. **Que représente Amalek?**
1. Satan qui ne pardonne jamais. 1Pi.5 :8
2. Le péché mignon que nous excusons toujours.

V. **Comment le vaincre ?**
1. Il nous faut le confesser
2. Il nous faut avoir des compagnons de prière. Ex.17 :12
3. Il nous faut lutter avec conviction et persévérance dans la prière. 1Pi.5 :8-9

Conclusion
Josué l'a emporté sur Amalek. Ayons, nous aussi, des partenaires pour soutenir la verge de la prière en vue de triompher dans nos combats. Ex.17 :16

Questions

1. Quelle la plus grande erreur de nos ennemis ? Croire qu'ils peuvent nous atteindre par surprise.

2. Qui était Amalek ?
   Descendant d'Esaü et neveu de Jacob.
3. Qu'est-ce-qui d'après vous est à l'origine de cette querelle ?
   a. Les deux frères Esaü et Jacob étaient des ennemis jurés.
   b. Amalek vint venger son père.
4. Quelle était la stratégie de combat d'Israël ?
   a. Moise donna à Josué le commandement de la bataille.
   b. Quant à lui, Il se tint sur le mont Rephidim avec la verge de Dieu en main.
5. Quelle remarque avons-nous faite au sujet de la verge ?
   a. Quand elle était levée, Israël était le plus fort.
   b. Quand elle était baissée, Amalek était le plus fort.
6. Que fit-il pour corriger ce mal ?
   Il fit appel à Ben-Hur et Aaron pour l'aider à soutenir la verge de Dieu.
7. Que représente Amalek ?
   Satan, nos péchés mignons
8. Comment les dominer ?
   Nous devons avoir des compagnons de prière.

Leçon 4
Il planifie les combats.

Textes pour la préparation : Ge.49 :8 ; De.23 :12-14 ; 1S.17 : 47 ; 2S.5 : 17-25
Texte à lire en classe : 2S.5 : 17-25
Verset de mémoire : Puis il dit: L'Éternel a dispersé mes ennemis devant moi, comme des eaux qui s'écoulent. C'est pourquoi l'on a donné à ce lieu le nom de Baal Peratsim. 2S.5 :20b
Méthodes : Discours, comparaisons, questions
But : Glorifier l'Eternel pour sa merveilleuse planification

Introduction
Nous sommes à l'issue de l'investiture royale de David quand les philistins vinrent l'attaquer.

I. Que fit David à cette première attaque?
  1. Il descendit dans les casernes et se prépara au combat. 2S.5 : 17
  2. Il invoqua l'Eternel pour obtenir les directives. 2S.5 : 19
    a. Dieu lui dit d'attaquer. Les philistins furent vaincus et prirent la fuite. 2S.5 :20
    b. Ils abandonnèrent leurs idoles pour s'enfuir et sauver leur peau. 2S.5 :21
    c. David avait pu témoigner que l'Eternel a dispersé ses ennemis devant lui comme des eaux dans une savane. Mais l'ennemi va retourner.

II. Que fit-il à une seconde attaque ?
Il appela l'Eternel. L'Eternel changea de tactique.
1. David devra les attaquer par derrière. Il se tiendra alors vis-à-vis des mûriers. 2S.5 : 23
2. Quand il entendra un bruit de pas dans les cimes des mûriers, il devra alors se hâter, car c'est l'Eternel qui marche devant lui pour combattre les philistins. C'était la manœuvre. 2S.5 :24

III. Pourquoi cette nouvelle disposition ?
1. Du côté prophétique :
   Jacob avait déclaré que Juda mettra sa main **sur la nuque de ses ennemis**. Ge.49 : 8
   On ne peut mettre la main sur la nuque de quelqu'un si on ne l'attaque **par derrière**.
   David, roi de Juda, vient d'accomplir cette prophétie.
2. Du côté de David :
   Il devait faire une confiance totale à l'Eternel qui seul décide des combats. Ex.14 :14
3. Du côté de l'Eternel :
   a. Il tire les solutions de sa prescience et il n'est jamais à court de méthodes pour délivrer. 1S.17 :47
   b. Retenez que les soldats n'ont pas de fosses d'aisances, de latrines. Le Dieu saint va éviter les charognes en marchant sur les cimes des mûriers. De.23 :12-14

Conclusion
Les philistins environnent votre vie. Restez sous vos gardes.

Questions
1. Quand les philistins trouvèrent-ils bon d'attaquer David ? Quand il n'était pas du tout prêt. Après la cérémonie d'investiture royale.
2. Comment David a-t-il géré cette situation ?
   a. Il descendit dans les casernes pour s'apprêter au combat.
   b. Il invoqua l'Eternel pour les décisions à prendre.
3. Quel en fut le résultat ?
   a. Les philistins prirent la fuite.
   b. Ils abandonnèrent leurs idoles.
   c. David et ses gens les emportèrent.
   d. David glorifia Dieu.
4. Comment eut lieu la deuxième bataille ?
   a. Dieu lui demanda d'attaquer les philistins par derrière.
   b. Il devait attendre le bruit de pas de l'Eternel dans les cimes des mûriers avant d'attaquer.
5. Pourquoi l'Eternel change-t-il de stratégie ?
   a. Pour que David ait une confiance totale en lui.
   b. Pour montrer qu'il n'est pas à court de méthodes pour délivrer.
   c. Pour prouver la prophétie de Jacob sur Juda. Il mettra la main sur la nuque de ses ennemis.

Leçon 5
Il intervient dans nos combats singuliers.

Textes pour la préparation : 1Sam. 17 :1- 58
Texte à lire en classe : 1S.17 :45-51
Verset de mémoire : Et toute cette multitude saura que ce n'est ni par l'épée ni par la lance que l'Éternel sauve. Car la victoire appartient à l'Éternel. Et il vous livre entre nos mains.1S.17 : 47
Méthodes : Discours, comparaisons, questions
But : Montrer comment Dieu réagit quand son enfant prend des risques pour lui.

Introduction
Que personne ne présume de sa force quand il s'agit de combattre un enfant de Dieu. Goliath va l'apprendre à ses dépens.

I. Comment affronta-t-il Israël ?
1. Rien ne dit qu'il y avait une raison pour cette bataille. 1S.17 :1
2. Goliath voulut se mesurer à un lutteur d'Israël et convint que l'issue du combat décidera du camp vainqueur.1S.17 :8-10
3. Il crut en sa force et en ses dieux. 1S.17 :23,43
   a. Il les opposa à Israël pendant 40 jours. 1S.17 :16
   b. Nul n'a osé s'offrir pour le combattre. 1S.17 :24

II. Comment fut-il vaincu ?
1. Dieu a fait ce qu'une armée entière n'a pu.
2. Puisque la bataille va avoir lieu en Juda, le Lion de Juda doit se présenter.
3. Ce sera une bataille entre Dieu et Satan.
   a. Il va s'incarner dans un homme selon son cœur pour combattre Goliath, l'incarnation de Satan. 1S.17 : 48-50
   b. David était choisi : Sans expérience militaire, il terrassa le géant avec seulement une fronde et une pierre. 1S.17 : 50

III. Justes commentaires
1. Dieu en David n'avait pas besoin d'armures pour se protéger. 1S. 17 :39
2. L'enfant de Dieu n'a pas besoin de protection, fusse-t-elle d'un roi, pour vaincre. 1S.17 : 38-39
3. Il appartient à Dieu de choisir son champion et sa méthode de combat. 1S.17 :32, 40
4. Il n'est pas intimidé par les dieux morts et les insultes des méchants. 1S.17 :43

Conclusion
Les géants d'impossibilité nous menacent partout. Recommande ton sort à l'Eternel ; mets en lui ta confiance et il agira. Ps. 37 :5

Questions

1. Devinez pourquoi Goliath avait voulu affronter Israël
   a. Il voulut satisfaire son orgueil.
   b. Il voulut glorifier ses dieux et insulter le Dieu d'Israël

2. Comment fut-il vaincu ?
   Par le Lion de Juda incarné en David

3. Pourquoi David n'avait-il pas besoin d'une armure de guerre ?
   a. Parce que Dieu en lui n'en avait pas besoin.
   b. Il devait le prouver
   c. Il avait aussi intérêt à défendre son nom.

4. De ces 6 géants, citez les 4 plus redoutables
   a. La déportation
   b. La révocation
   c. Le doute
   d. La peur
   e. La maladie
   f. La mort

Leçon 6
Il n'est pas intimidé par le nombre d'adversaire.

Textes pour la préparation : 1S.14 :6 ;
2Ch.14: 1-14
Texte à lire en classe : 2Ch.14 :7-14
Verset de mémoire : Eternel, tu es notre Dieu ! Que ce ne soit pas l'homme qui l'emporte sur toi. 2Ch.14 :10
Méthodes : Discours, comparaisons, questions
But : Montrer que le zèle de Dieu pour nous défendre vient de notre foi en sa puissance.

Introduction
« L'Eternel peut sauver au moyen d'un petit nombre comme d'un grand nombre » disait Jonathan, fils de Saul. Qu'avons-nous à craindre d'une majorité ? Laissons la parole à Zérach l'Ethiopien.

I. D'abord voyons son arsenal militaire :
Il vint attaquer Israël avec une armée d'un million d'hommes et trois cents chars. 2Ch.14 : 8

II. Voyons maintenant l'arsenal d'Asa, le roi de Juda.
Il avait 300,000 fantassins et 280,000 archers. 2Ch.14 :7

III. Quelle était sa stratégie de combat ?
1. Il était militairement préparé.
   Il bâtit des casernes fortifiées. 2ch.14 : 6
2. Il était spirituellement préparé :
   a. Il avait fait disparaitre les hauts lieux, brisa les statues et abattit les idoles. 2Ch.14 : 2
   b. Il ordonna à son peuple de mettre en pratique la parole. 2Ch.14 : 3
   c. A l'approche du danger, il envoya un télégramme à l'Eternel pour lui remettre la direction de la bataille. 2Ch.14 : 10

IV. Résultat final
L'Eternel s'appropria de la bataille. Il frappa les Ethiopiens devant Asa et Juda. 2Ch.14 : 11
On ne parlait plus de **l'armée d'Asa** mais **d'un peuple** victorieux qui ramassait les butins. 2Ch.14 : 13

Conclusion
Lorsque les problèmes nous dépassent, rappelons-nous que l'Eternel les domine et détient la solution.

Questions

1. Comment Zérach l'Ethiopien voit-il la bataille contre Juda ? Une bataille gagnée

2. Pourquoi ?
   Il était de beaucoup mieux armée qu'Asa.

3. Quel était l'était d'esprit d'Asa face à l'adversité ?
   a. Il était militairement et spirituellement préparé.
   b. Il ne s'attendait pas à confronter une force supérieure à sa capacité.
   c. Il envoya un télégramme à l'Eternel.

4. Comment Dieu intervint-il dans ce cas ?
   a. Il mettait les Ethiopiens en fuite devant Asa et devant Juda.
   b. L'Eternel les extermina.
   c. Asa et son peuple prirent un très grand butin.

Leçon 7
Il déjoue les complots

Textes pour la préparation : De. 29 :29 ; 2R. 6 : 1-23 ; Amos.3 :7
Texte à lire en classe : 2R.6 :8-14
Verset de mémoire : Car le Seigneur, l'Éternel, ne fait rien sans avoir révélé son secret à ses serviteurs les prophètes. Amos 3 :7
Méthodes : Discours, comparaisons, questions
But : Accentuer l'autorité du prophète de l'Eternel

Introduction
Quand Dieu veille sur ses enfants, il les avertit des dangers imminents et décourage en même temps ses ennemis. Le roi de Syrie devait en gouter pour sa grande confusion. Que lui arriva-t-il ?

I. Israël était au courant de tous ses plans d'invasion.
1. Dieu les révéla au prophète Elisée. 2R.6 :12
    a. Fâché, le roi de Syrie envoya un contingent de soldats, des chars et des chevaux pour arrêter l'homme de Dieu. 2R.6 : 14
    b. Il ignorait que le prophète est le protégé de Dieu. Il n'a pas besoin d'un arsenal pour se défendre. 2R.6 :16
    c. D'un autre côté, Guéhazi, le serviteur du prophète, paniquait de peur à la vue de l'armée syrienne. Elisée demanda à Dieu

de lui ouvrir les yeux pour le rassurer.
2R.6 :15-17
d. C'est alors qu'il vit des chevaux et des chars de feu autour du prophète. 2R.6 : 15-17

II. La délivrance du prophète

1. Sur demande d'Elisée, l'armée syrienne fut frappée d'aveuglement. 2R. 6 : 18
2. Dieu la confondit. Au fait, c'est le prophète qui arrêta l'armée du roi de Syrie pour la conduire au pied du roi d'Israël. 2R.6 :19-22
3. Il les amena au roi d'Israël. 2R.6 :20
4. Sur demande d'Elisée, le roi d'Israël leur donna à manger et les renvoya. 2R.6 :22-23 Elisée avait anticipé la recommandation de Jésus de donner à manger à ses ennemis. Et depuis, les troupes syriennes ne revinrent plus sur le territoire d'Israël. 2R.6 :23

Conclusion
Inutile de déployer des espions pour connaitre les complots de vos adversaires. Patientez et commencez par leur préparer à manger car très bientôt, ils auront grandement besoin de vous.

Questions

1. Qu'est-ce-que le roi de Syrie ignorait d'Israël?
   a. Que Dieu révèle tout à ses prophètes.
   b. Que les complots contre son serviteur sont inutiles.
   c. Que l'Eternel n'est pas intimidé par toute l'armée syrienne.
   d. Lancer une armée entière pour arrêter un seul homme, c'était du coup, avouer sa faiblesse.

2. Qui était paniqué et pourquoi ?
   a. Guéhazi le serviteur du prophète.
   b. Il perdit la foi.

3. Que fit Elisée pour le raffermir?
   a. Il demanda à l'Eternel de lui ouvrir les yeux.
   b. Il verra alors qu'ils sont bien gardés.

4. Comment Elisée en sortait de cette situation ?
   a. Sur demande de l'Eternel, il aveugla toute l'armée syrienne et la conduisit au roi d'Israël.
   b. Il demanda au roi d'Israël de les gracier
   c. de leur donner à manger
   d. de les renvoyer après cela.

5. Comment caractériser le prophète Elisée ?
   Comme un disciple de Jésus-Christ perdu dans L'Ancien Testament.

Leçon 8
Il provoque l'adversaire

Textes pour la préparation : Jos.11 :20 ; Jg.6 :1-40 ; 7 :1-25 ; 8 :10 ; Ps. 46 :9-10 ; 140 :8
Texte à lire en classe : Jg.6 :11-16
Verset de mémoire : L'Éternel se tourna vers lui, et dit: Va avec cette force que tu as, et délivre Israël de la main de Madian; n'est-ce pas moi qui t'envoie? Jg.6 :14
Méthodes : Discours, comparaisons, questions
But : Faire éclater la victoire de l'Eternel par l'intermédiaire d'un serviteur humble.

Introduction
Sous une chaleur tropicale, Gédéon mettait les récoltes de sa tribu à l'abri de Madian. Touché de cet acte patriotique, l'Eternel descendit vers lui et lui conféra un diplôme de vaillant héros. Que demanda-t-il en retour à ce jeune homme ?

I. Une consécration totale
 1. Il a accepté l'Eternel en privé. Jg. 6 : 23
    a. Il lui présenta son offrande en signe d'adoration. Jg.6 :17-19
    b. Il lui bâtit un autel pour signifier sa consécration. Jg.6 : 24
 2. Il devait prouver sa foi par un témoignage public :

   a. Dieu lui demanda de renverser l'autel de Baal qui est à son père et de dresser celui de l'Eternel. Jg.6 : 25-32
   b. Ensuite il y déposera son sacrifice et l'holocauste. 2R. 6 : 25

II. Et maintenant, Dieu lui demande de lui faire de la place
1. Gédéon va sélectionner 300 combattants d'un nombre de 32,000 pour aller combattre contre 120,000 philistins. Jg.7 : 1-7 ; 8 :10
2. Dieu veut avoir de l'espace :
   a. Pour mieux faire des ravages dans le camp des ennemis. Ps.46 : 9-10
   b. C'est pourquoi il couvre nos têtes au jour du combat pour nous éviter la panique. Ps.140 :8

III. Quelles sont donc nos erreurs d'hommes
1. Nous croyons que nous devons dicter notre volonté à Dieu. Mt.6 : 10
2. Nous croyons que nous devons le seconder s'il tarde à agir.
3. Nous prétendons connaitre nos vrais ennemis qui sont parfois ceux que nous berçons. (amis, parents, époux).
4. Nous oublions que Dieu sait qui frapper, quand frapper, où frapper et comment frapper sans notre concours. Ex.14 :14

Conclusion
Dès aujourd'hui, livrons-nous tout entier à Dieu, et donnez-lui la chance de mener lui-même nos combats.

Questions

1. Avec quelle parole d'encouragement l'Eternel s'adressa-t-il à Gédéon ?
   L'Eternel est avec toi, vaillant héros !
2. Quel était son premier geste envers l'Eternel ?
   a. Celui de lui présenter son offrande.
   b. Il bâtit aussi un autel à l'Eternel.
3. Quelle était sa première demande à Gédéon ?
   a. En plus de son témoignage en privé, il doit maintenant rendre un témoignage public :
   b. Il doit renverser l'autel de Baal dans la maison de son père.
   c. Il doit dresser un autel à l'Eternel et lui présenter des sacrifices.
4. Quelle était sa deuxième demande à Gédéon ?
   a. Il doit rassembler une armée pour aller et combattre les madianites.
   b. Il sera réduit à engager 300 sur 32,000 inscrits.
5. Pourquoi ce nombre réduit ?
   a. Dieu a besoin d'espace pour opérer.
   b. Le nombre excédentaire l'embarrasse.
   c. L'ennemi doit retenir qu'il était vaincu par la force de Dieu seul.

Leçon 9
A la recherche d'un Martin Luther Junior

Introduction
Textes pour la préparation : Ps.119 :9-16 ; Je. 23 :28-29 ; 44 :16-19 ; Ro.13 :13-14 ; Ep.5 :14 ; Ap.22 :20
Texte à lire en classe : Ps.119 :9-16
Verset de mémoire : Je serre ta parole dans mon cœur, Afin de ne pas pécher contre toi. Ps.119 : 11
Méthodes : Discours, comparaisons, questions
But : conscientiser les chrétiens sur le Retour du Seigneur

Introduction
Nous sommes dans l'âge des inventions étonnantes. Le monde avance à grand pas et pourtant l'homme recule.
Qu'est-ce-qui le dépasse ?

I. **Il regarde d'un seul côté :**
1. Il voit l'espace, le monde et sa convoitise au mépris de son âme.
   a. Autrefois, les jeunes savaient réciter le Ps.119, le Sermon sur la Montagne et Mathieu chapitre 5 à chapitre 7 par cœur.
   b. Les chrétiens n'utilisaient que des produits naturels pour leur toilette.
   c. Pour toute ambiance ils n'avaient que le jeûne et la prière.

II. Maintenant certains mêlent la paille au froment. Je. 23 :28
1. Comme au temps du prophète Jérémie, les gens sont attentifs aux révélations et aux visions mensongères.
   a. Pendant ce temps, ils oublient d'écouter la Parole de Dieu. Je. 23 : 25-29
   b. Ils investissent gros dans les charlatans et contribuent peu ou presque rien dans leur Eglise. Je.44 :17
2. Ils sont devenus superstitieux sans s'en rendre compte. Je.23 : 27
3. En effet la Parole de Dieu frappe les cœurs comme un marteau et elle agit en nous comme un feu pour brûler nos vices et nous sanctifier. Je.23 :29

III. Ce dont l'Eglise a besoin aujourd'hui :
1. Une persécution pour la réveiller de son sommeil spirituel. Ep.5 :14
2. Un dépouillement total des œuvres de ce monde pour se revêtir de Christ de la tête au pied. Ro. 13 :13-14
3. Un Martin Luther au clairon sonore pour l'avertir du Retour imminent de Jésus-Christ. Ap. 22 : 20

Conclusion
Eglise de Jésus-Christ, il est temps de prendre Dieu au sérieux. Soyez sérieux.

Questions

1. Comment vit l'homme d'aujourd'hui ?
   Il voit l'espace. Il ne regarde pas à son âme.

2. Comment les chrétiens vivaient-ils autrefois ?
   a. On savait réciter de longs passages bibliques par cœur.
   b. On évitait tout ce qui est faux.
   c. On ne prenait plaisir que dans le jeûne et la prière.

3. Comment vivent-ils de nos jours ?
   a. Ils sont attentifs aux visions et aux songes au mépris de la parole inspirée de Dieu.
   b. Ils deviennent très superstitieux

4. De quoi l'Eglise de Christ a-t-elle besoin ?
   a. D'une persécution pour la réveiller de son sommeil spirituel
   b. D'un dépouillement total des œuvres de ce monde,
   c. D'un Martin Luther pour l'avertir du retour imminent de Jésus-Christ.

Leçon 10
La fête d'actions de grâces

Textes pour la préparation : Ex.23 :14-19 ; De.16 :16 ; 1R.9 :25 ; Est.9 :22 ; Ps.100 : 1-5 ; 2Co.9 :7 ; Ph.4 :4 ; He.12 :28
Texte à lire en classe : Ps.100 : 1-5
Verset de mémoire : Entrez dans ses portes avec des louanges, Dans ses parvis avec des cantiques ! Célébrez-le, bénissez son nom ! Ps.100 : 4
Méthodes : Discours, comparaisons, questions
But : Encourager la fête d'actions de grâces parmi les chrétiens.

Introduction
L'Eternel aime les fêtes. Le savez-vous ? Il les recommande à Israël. Il y participe. Quelle joie de savoir que le ciel se joint à la terre dans une occasion spéciale ?

I. Dieu se réjouit au milieu de son peuple.
  1. Il exige des enfants d'Israël trois fêtes par année. Ex. 23 : 14
     a. La fête des pains sans levain pour commémorer leur délivrance de la servitude en Egypte. Ex.23 : 15
     b. La fête de la moisson et des prémices de leurs travaux. Ex.23 :16
     c. La fête de la récolte à la fin de l'année. Ex.23 :16

2. Salomon célèbre la fête d'actions de grâces trois fois par année. 1R.9 :25
   Dans toutes ces fêtes l'Eternel exige qu'on ne se présente pas à vide devant sa face.
   Ex.23 :15 ; De. 16 :16

II. **Dieu aime voir son peuple se réjouir.**
   1. Point n'est besoin de nous gêner de venir avec allégresse en sa présence. Nous sommes son peuple et le troupeau de son pâturage. Ps.100 :1
   2. Paul insiste pour que les chrétiens se réjouissent dans le Seigneur. Ph.4 :4
      C'est une saine réjouissance dans laquelle le Seigneur trouve son plaisir.
      Quand le chrétien est content :
      a. Il manifeste sa reconnaissance envers Dieu en l'adorant avec crainte et piété. He.12 :28
      b. Il contribue mieux. 2Co.9 :7
      c. Il aide les indigents au nom de Jésus. Esth.9 :22

Conclusion
Chrétiens, demandons à Dieu de nous donner des signes d'approbation de nos actions de grâces. Sinon, veillons sur nos voies la prochaine fois.

Questions

1. Pourquoi disons-nous que l'Eternel aime les fêtes ?
   a. Il le prescrit aux enfants d'Israël.
   b. Il aime se réjouir au milieu de son peuple.
   c. il aime voir son peuple en joie.

2. Que leur rappelle la fête des pains sans levain ?
   Leur délivrance de la servitude en Egypte.

3. Que prescrit l'apôtre Paul aux chrétiens de Philippe ?
   Qu'ils aient à se réjouir dans le Seigneur.

4. Qu'est-ce qui arrive quand le chrétien est content ?
   a. Il adore Dieu avec crainte.
   b. Il contribue mieux.
   c. Il aide les indigents au nom de Jésus.

5. Combien de fois Salomon célèbre-t-il la fête d'actions de grâce ? Trois fois par année.

Leçon 11
Ce que la bible n'enseigne pas

Textes pour la préparation : De.23 :15-16 ; No.12 : 8-15 ; Je.13 :23a ; Mt. 11 :28 ; 28 :20 ; Lu.5 :1-11 ; 15 :16-17 ; Ac.3 :19-20 ; 5 :41 ; He.3 :12 ; 4 :2 ; 9 :27 ; 1Co.7 :17-24
Texte à lire en classe : Lu.5 :1-11
Verset de mémoire : As-tu été appelé étant esclave, ne t'en inquiète pas; mais si tu peux devenir libre, profites-en plutôt. 1Co.7 :21
Méthodes : Discours, comparaisons, questions
But : Combattre les opinons erronées sur les enseignements de la bible

Introduction
Nous venons aujourd'hui vous mettre en garde contre les adversaires de la Bible. Qu'elle se défende elle-même.

I. La bible n'enseigne pas la résignation :
1. Pierre et ses compagnons de pêche allèrent **se résigner** après une nuit d'effort infructueux. « Avancez en pleine eau, leur dit Jésus et jetez vos filets. » **Où est ici la résignation ?** Mt.28 :20 ; Lu.5 : 4-11
2. Quand le tribunal juif leur interdisait de prononcer le nom de Jésus, les apôtres ont préféré subir la prison et le fouet **au lieu de se résigner.** Ac.3 :19-20 ; 5 :41

En ce temps de colonisation, la bible encourageait les esclaves à profiter des moyens légaux pour s'affranchir. Et c'est biblique ! De. 23 :15-16 ; 1Co.7 :21
Où est donc la résignation ?

II. La bible n'enseigne pas la discrimination
Aaron et Marie critiquèrent Moise, pour son mariage avec une négresse. Dieu les punissait avec sévérité pour leur intolérance.
No.12 :8-15; Je.13 :23a

III. La bible ne parle pas d'une seconde chance après la mort.
Dieu vous accorde deux chances :
1. La première : c'est l'invitation à vous convertir. Mt. 11 :28
2. La deuxième : ce sont les persécutions pour vous porter à la repentance. Lu .15 :16-17
3. La troisième chance après la mort n'existe pas. He. 9 :27
C'est le jugement des incrédules et des retardataires. He. 3 :12 ; 4 : 2

Conclusion
Gardez-vous de venir trop tard quand la porte de la grâce sera fermée. Le dernier ticket pour la vie éternelle est ici. Venez le réclamer à la croix du Calvaire. He. 4 :1

Questions

1. Citez trois doctrines anti bibliques
   La résignation, la discrimination, une troisième chance après la mort.

2. Comment Pierre réagissait-il à l'injonction du tribunal ?
   Il préférait désobéir aux autorités au lieu de se résigner.

3. Dieu est-il en faveur de l'esclavage ? Non.
   L'esclavage n'était jamais accepté dans l'Ancien Testament comme un fait accompli.

4. Quelle était la punition infligée à la sœur de Moise pour sa discrimination ?
   Dieu l'a frappée d'une lèpre blanche.

5. Que dit la bible de la chance après la mort ?
   a. Cette chance n'existe pas
   b. C'est le jugement des incrédules et des retardataires.

Leçon 12
Jésus, le rédempteur universel

Textes pour la préparation : De.25 : 5-10 ; Ruth (tout le livre) ; Jn.3 :16 ; 1Co.6 :19-20
Texte à lire en classe : Ruth. 4 :13-17
Verset de mémoire : Manifeste ta force en Ephrata et fais-toi un nom dans Bethlehem. Rut.4 : 11
Méthodes : Discours, comparaisons, questions
But : Montrez comment Jésus prévoit en lui-même le salut des païens.

Introduction
Savez-vous qu'une païenne est devenue une ancêtre de Jésus-Christ ? Voyons :
I. Ruth la moabite, adoratrice du dieu Kemosh, s'est mariée à Boaz, originaire de Bethléem Ephrata. Comment ?
D'après la loi du lévirat (De. 25 :5-10) le frère survivant doit se remarier à la veuve de son frère défunt si celui-ci n'avait pas laissé d'enfants. C'était pour conserver le nom du défunt dans son héritage et maintenir aussi la sécurité matérielle de la veuve.
1. Mais celui qui avait droit de rachat s'est publiquement décliné, pour ne pas détruire son héritage. Ruth. 4 : 6
2. C'est alors que Boaz se portait acquéreur de la succession d'Elimélec, de Machlon et de Kiljon et devait consentir à épouser Ruth. Ruth.4 :9

3. C'est ici l'image de Christ qui nous rachète à un grand prix quand la Loi ne pouvait le faire. I Co.6.19, 20
De cette union naquit Obed, l'ancêtre de David et de Jésus-Christ. Ruth.4 :17

II. Pourquoi en fut-il ainsi ?
1. Jésus devait naitre à Bethleem Ephrata, dans le territoire de Juda, prophétie annoncée huit cents ans avant la venue .Mich.5 :1
2. Il avait besoin d'avoir en lui un échantillon du sang de tous les pécheurs pour qu'il soit un donneur universel. Jn.3 :16
3. Boaz est ici un type de Jésus-Christ qui est venu nous racheter quand la Loi ne pouvait le faire. Ruth. 4 : 8-10
4. Les anciens prophétisaient sur Ruth, une des ancêtres de Jésus-Christ. Ruth.4 : 11

Conclusion
Que les prophéties de Dieu s'accomplissent sur vous dans la diaspora. Restez fidèles et attendez.

Questions
1. Qui était Boaz ?
   Un homme riche de Bethléhem Ephrata
   a. Le mari de Ruth une moabite, veuve de Machlon, un juif
   b. Le deuxième qualifié pour assurer la succession de son parent décédé.

2. Qui était Obed ?
   a. Le fils de Boaz et de Ruth.
   b. Un ancêtre de David et de Jésus-Christ

3. Quelle était la première religion professée par Ruth ? L'idolâtrie. Elle adorait Kemosh, le dieu des moabites.

4. Que prescrit le Lévirat ?
   Le frère survivant doit se marier à la veuve de son frère défunt, si celui-ci n'avait pas d'enfant.

5. Quelle en était la raison ?
   a. Pour conserver le nom du défunt
   b. Pour assurer un moyen de survie à sa veuve.

6. Comment Boaz a-t-il pu être celui qui rachète le territoire d'Elimelec et de ses fils ?
   Parce que celui qui avait droit de rachat ne voulut pas racheter le bien.

7. Au point de vue spirituelle que représente Boaz ?
   Jésus-Christ qui vient nous racheter quand la Loi ne le pouvait pas.

8. Qui était le prophète qui avait prédit le lieu de naissance du sauveur et en quelle année ?
   Michée, huit cents ans avant Jésus-Christ.

Récapitulation des versets

Leçon 1
Le sceptre ne s'éloignera point de Juda, Ni le bâton souverain d'entre ses pieds, Jusqu'à ce que vienne le Schilo, Et que les peuples lui obéissent.Ge.49 :10

Leçon 2
L'ange de Dieu, qui allait devant le camp d'Israël, partit et alla derrière eux; et la colonne de nuée qui les précédait, partit et se tint derrière eux. Ex.14 :19

Leçon 3
Car l'Éternel sera ton assurance, Et il préservera ton pied de toute embûche. Pr.3 :26

Leçon 4
Puis il dit: L'Éternel a dispersé mes ennemis devant moi, comme des eaux qui s'écoulent. C'est pourquoi l'on a donné à ce lieu le nom de Baal Peratsim. 2S.5 :20b

Leçon 5
Et toute cette multitude saura que ce n'est ni par l'épée ni par la lance que l'Éternel sauve. Car la victoire appartient à l'Éternel. Et il vous livre entre nos mains.1S.17 : 47

Leçon 6
Eternel, tu es notre Dieu ! Que ce ne soit pas l'homme qui l'emporte sur toi. 2Ch.14 :10

Leçon 7
Car le Seigneur, l'Éternel, ne fait rien sans avoir révélé son secret à ses serviteurs les prophètes. Amos 3 :7

Leçon 8
L'Éternel se tourna vers lui, et dit: Va avec cette force que tu as, et délivre Israël de la main de Madian; n'est-ce pas moi qui t'envoie? Jg.6 :14

Leçon 9
Je serre ta parole dans mon cœur, Afin de ne pas pécher contre toi. Ps.119 : 11

Leçon 10
Entrez dans ses portes avec des louanges, Dans ses parvis avec des cantiques! Célébrez-le, bénissez son nom! Ps.100 : 4

Leçon 11
As-tu été appelé étant esclave, ne t'en inquiète pas; mais si tu peux devenir libre, profites-en plutôt. 1Co.7 :21

Leçon 12
Manifeste ta force en Ephrata et fais-toi un nom dans Bethlehem. Rut.4 : 11

Glossaire

Angoisse n.f — Peur, inquiétude, frayeur
Anticiper v.t. — Devancer, précéder, prévenir
Ascension n.f — Montée, escalade
Atout nm — Avantage, privilège, chance
Attester. V.t. — Témoigner, certifier
Bluffeur. N. et adj. Menteur
Christocentrique : adj. Centré sur Christ
Chypre : petite ile de la Grèce
Colloque nm. — Entretien entre deux ou plusieurs personnes, Discours, exposé,
Conflit nm — Rivalité, opposition
Crédit nm — Confiance, foi, assurance
Cynique adj. — Effronté, insolent, impertinent
Cyrène : L'actuelle Lybie au Nord de l'Afrique
Episode nm — Partie d'une œuvre narrative s'intégrant à un ensemble mais disposant d'une certaine autonomie.
Fabuleux adj. Légendaire
Gouvernail nm. barre, levier
Guerre des camisards. C'étaient des paysans protestants en révolte parce que La liberté religieuse préconisée par l'Edit de Nantes, fut maintenant révoquée par le roi Louis XIV. (Hist. de l'Egl)
Inaliénable adj. Incessible, invendable
Inquisition espagnole : Tribunal de l'Eglise catholique, appelé encore Saint office où l'on

jugeait les protestants et les condamnait à être brûlés sur des buchers comme hérétiques. C'était dans l'année 1478. (Hist. de l'Egl.)

Irréversible adj.　Irrévocable, définitif
Lévirat (Relig)　Loi hébraïque qui obligeait un homme à épouser la veuve de son frère mort sans descendant mâle.
Issu adj　　　　Provenance, originaire de
Issue nf.　　　Moyen de sortir d'une difficulté.
Loi du Lévirat　: (coutume juive) Loi ordonnant à un frère de susciter une postérité au défunt
Loge nf.　　　Cellule, compartiment
Maghrébin n.m habitants au Nord-Ouest de l'Afrique. (Maroc, Tunisie, Mauritanie, Algérie)
Mandataire n.m Délégué, représentant
Nigeria　　　Pays de l'Afrique occidentale
Perception n.f.　Impression, conception, fait de percevoir par l'esprit
Perspective n.f. Vue, vision, regard
Plénipotentiaire adj Ambassadeur, diplomate
Pontife n.m　　Titre donné au pape
Prétention n.f　Complaisance vaniteuse envers soi-même.
Prodigue adj.　Dépensier, dissipateur
Rationnel, adj. Raisonnable, sage
Renchérir, v.i.　Ajouter, dire ou faire plus qu'un autre
Rouer v.i　　　Battre, châtier, corriger, frapper
Verrouiller, v.t Fermer, barricader

Table des matières

Série 1 - Le symbolisme de la croix 4

Leçon 1 6
La croix, signe d'identification du chrétien 6

Leçon 2 9
La croix, signe d'identification du chrétien (suite) 9

Leçon 3 12
La croix, un pont entre le ciel et la terre 12

Leçon 5 18
La croix, signe de victoire 18

Leçon 6 21
La croix, un signe d'addition 21

Leçon 7 La croix, signe de multiplication 23

Leçon 8 La croix, un scandale pour les juifs 27

Leçon 9 La croix, folie pour les païens 30

Leçon 10 La croix un signe d'humiliation 33

Leçon 11 36
Les impératifs de la résurrection de Jésus-Christ 36

Leçon 12 39
Le pouvoir mystérieux de sa résurrection 39

Récapitulation des versets 42

Série 2 - Les Témoins de Jésus-Christ 44
Avant-propos 45
Leçon 1 46
Les témoins de Jésus-Christ, qui sont-ils ? 46
Leçon 2 49
Conditions pour être témoin 49
Leçon 3 52
La preuve de cette qualification 52
Leçon 4 55
Les risques encourus par le témoin 55
Leçon 5 L 58
es effets probables du témoignage 58
Leçon 6 61
La position du Témoin 61
Leçon 7 64
La position de Christ dans le témoignage 64
Leçon 8 67
Le but du témoignage du témoin 67
Leçon 9 70
La grande nuée de témoins 70
Leçon 10 74
La récompense des témoins 74
Leçon 11 77

Elever son enfant comme un prince 77
Leçon 12 80
Elever votre enfant à la manière d'un prince 80
Récapitulation des versets 83
Série 3 - Les Bénédictions De Dieu Au Mode Conditionnel 86
Avant-propos 87
Leçon 1 88
Salomon en marche vers les bénédictions de Dieu. 88
Leçon 2 91
La réponse de l'Eternel au geste du roi. 91
Leçon 3 94
La légitimation d'Israël 94
Leçon 4 97
Si mon peuple s'humilie 97
Leçon 5 100
Si mon peuple prie 100
Leçon 6 103
Si mon peuple cherche ma face 103
Leçon 7 106
Si mon peuple se détourne de ses mauvaises voies ... 106
Leçon 8 109
Je l'exaucerai des cieux 109

Leçon 9 112
Je lui pardonnerai son péché 112
Leçon 10 115
Je guérirai son pays 115
Leçon 11 118
Mes yeux seront ouverts désormais 118
Leçon 12 121
Comment finit cette histoire ? 121
Récapitulation de versets 124
Série 4 - L'Eternel, Le Guerrier Invincible 126
Leçon 1 127
Dieu occupe la ligne de front dans nos combats. 127
Leçon 2 130
L'Eternel Dieu organise nos combats. 130
Leçon 3 133
Il répond aux attaques soudaines. 133
Leçon 4 136
Il planifie les combats. 136
Leçon 5 139
Il intervient dans nos combats singuliers 139
Leçon 6 142
Il n'est pas intimidé par le nombre d'adversaire. 142

Leçon 7 145

Il déjoue les complots 145

Leçon 8 148

Il provoque l'adversaire 148

Leçon 9 151

A la recherche d'un Martin Luther Junior ...151

Leçon 10 154

La fête d'actions de grâces...............................154

Leçon 11 157

Ce que la bible n'enseigne pas........................157

Leçon 12 160

Jésus, le rédempteur universel 160

Récapitulation des versets................................163

Rev. Renaut Pierre-Louis

Esquisse biographique

Pasteur de l'Eglise Baptiste à Saint Raphael.	1969
Diplômé du Séminaire Théologique Baptiste d'Haiti,	1970
Diplômé de l'Ecole de Commerce Julien Craan,	1972
Professeur de langues vivantes au Collège Pratique du Nord au Cap-Haitien	1972
Pasteur de la Première Eglise Baptiste au Cap-Haitien,	1972
Pasteur de l'Eglise Redford, Cité Sainte Philomène,	1976
Diplômé de l'Ecole de Droit du Cap-Haitien,	1979
Fondateur du Collège Redford et de l'Ecole Professionnelle ESVOTEC,	1980

Pasteur militant depuis 50 ans, avocat, poète, écrivain, dramaturge, ce serviteur du Seigneur vous revient aujourd'hui avec « *La Torche Foudroyante* », un ouvrage didactique, de haute portée théologique qui a déjà révolutionné le système d'enseignement dans nos Ecoles du Dimanche et dans la présentation du message de l'Evangile.

Encore une fois, pasteurs de recherche, prédicateurs de réveil, moniteurs de carrière, chrétiens éveillés, prenez « La Torche » et passez-la. 2Tim.2 :2

www.ingramcontent.com/pod-product-compliance
Lightning Source LLC
Chambersburg PA
CBHW052135110526
44591CB00012B/1732